초급 **1**

법무부 사회통합프로그램(KIIP)

한국어와
한국문화

국립국어원 기획
이미혜 외 집필

Hawoo Publishing Inc.

발간사

2020년 9월호 법무부 출입국·외국인 통계월보에 따르면 국내 체류 외국인은 약 210만 명으로 2010년보다 2배 가까이 증가하였습니다. 그런데 주목할 점은 체류 외국인이 양적으로 증가하였을 뿐만 아니라 이들의 유형이 결혼 이민자를 비롯하여 근로자, 유학생, 중도 입국 자녀 등으로 점차 다양해졌다는 것입니다. 이러한 변화는 다양한 언어와 문화적 배경을 가진 구성원과의 '공존'의 중요성을 한국 사회에 알리는 동시에 '소통'의 과제를 던져 준다고 생각합니다.

이에 국립국어원에서는 한국에 온 외국인들이 체계적으로 한국어를 배워 한국 사회의 일원으로 능동적으로 생활하고, 사회 구성원 간의 의사소통이 더욱 원활할 수 있도록 지원하고 있습니다. 그리고 이를 위한 교육 내용을 연구하고, 한국어 교재를 발간하고 있습니다. 이번에 발간되는 ≪사회통합프로그램(KIIP) 한국어와 한국문화≫는 이러한 노력의 결실 중 하나라 할 수 있습니다.

이번 교재 개발에는 한국어 교육 및 사회·문화 교육 전문가가 집필자와 검토자로 참여하여 한국어와 한국 문화의 전문적 내용을 체계적이면서도 친근하게 구성하였습니다. 특히 '사회통합프로그램'을 총괄하는 법무부의 협조로 현장 요구 조사와 시범 적용을 실시하여 교사와 학습자의 의견을 폭넓게 반영하기 위해 노력하였습니다. 그리고 한국어 능력 향상뿐만 아니라 문화 다양성을 고려하여 내용을 구성하였으며, 풍부한 보조 자료를 제공함으로써 교사와 학습자가 손쉽게 활용할 수 있도록 하였습니다.

본 교재는 기초편 교재 1권, 초급 교재 2권, 중급 교재 2권의 5권으로 구성되며, 이 구성에 따라 학습자용 익힘책과 교사용 지도서가 본 교재와 함께 출간됩니다. 이와 함께 학습자용 유형별 보조 자료와 기타 보조 자료를 별도로 제작하여 현장에서 손쉽게 사용할 수 있도록 제공하였습니다.

아무쪼록 이 교재가 사회통합프로그램에 참여하는 학습자들에게 한국어를 체계적이고 충실하게 익힐 수 있는 유용한 길잡이로 널리 활용되기를 바랍니다. 그래서 이 교재를 사용하는 이민자들이 한국 사회의 주체적인 구성원으로서 안정적인 생활을 영위하는 데 도움이 되기를 희망합니다.

끝으로 이 교재의 개발을 위해 최선의 노력을 기울여 주신 교재 개발진과 출판사 관계자 분들께 깊은 감사의 말씀을 드립니다.

2020년 12월

국립국어원장 소강춘

국내 체류 외국인의 수가 100만 명을 넘은 2007년을 기점으로 한국 사회는 다문화 사회의 도래를 대비하기 위해 제도적 준비를 해 왔습니다. 그중 이민 초기 정착 단계의 필수적인 지원 사항인 한국어 학습은 여러 부처에서 다양한 프로그램으로 운영되었는데, 2020년부터 법무부가 주관하는 사회통합프로그램으로 표준화되었습니다. 사회통합프로그램은 국내 체류 이민자를 대상으로 하는 '한국어와 한국문화', '한국사회이해' 교육 프로그램으로, 결혼 이민자와 근로자, 유학생 등 전문 인력, 중도 입국 자녀 등이 참여합니다. 2009년에 처음 시행된 이후 점점 성장하여, 현재 약 350개의 운영 기관에서 약 6만 명의 이민자들이 교육에 참여하고 있습니다.

이민자 대상의 한국어 교육에서 사회통합프로그램의 중요성이 커지면서 교육의 체계화와 효율화, 변화하는 사회 양상의 반영 등을 위해 교재 개발 연구가 진행되었고, 그 결과물이 ≪사회통합프로그램(KIIP) 한국어와 한국문화≫ 교재입니다. 이 교재의 특징은 다음과 같습니다.

첫째, 교재와 익힘책, 교사용 지도서, 기타 보조 자료로 구성되어 있습니다. 교실 수업에서 사용할 교재 이외에 교수·학습 효율성을 높이기 위해 학습 자료 일체를 개발하였습니다.

둘째, 교재는 사회통합프로그램 단계별 100시간 수업에 맞춰 구성했는데 이민자들이 한국 사회에 정착하는 과정에서 필요한 한국어와 한국문화 내용을 선정하여 살아있는 언어문화 교육이 되도록 했습니다. 특히 변화하는 한국 사회의 모습과 특징을 교재 전체에 다양한 소재로 사용했을 뿐만 아니라, 다양한 문화 주제를 통해 이민자들이 한국 사회를 이해하고 적응하는 데 도움을 주고자 했습니다. 그리고 결혼 이민자, 근로자, 유학생 등 전문 인력, 중도 입국 자녀들을 등장인물로 하여 한국 사람들과 함께 생각과 정보를 나누고, 공감하며 생활하는 모습을 담았습니다.

셋째, 익힘책은 이민자들이 자신의 학습 속도와 능력에 맞게 학습 내용을 복습하고 보완할 수 있도록 구성하였습니다. 교사들도 교실 상황에 맞춰서 융통성 있게 활용할 수 있을 것입니다.

넷째, 교사용 지도서와 기타 보조 자료는 교사들이 수업의 핵심 내용을 명료하게 파악하고 운용하도록 안내해 줄 것입니다. 또한 교사들의 필수적인 수업 준비 시간을 단축해 주는 대신에 교실 상황에 맞는 수업 설계에 시간을 투자할 수 있도록 도와줄 것입니다.

이민자용 한국어 교재는 단지 의사소통 능력을 길러 주는 역할만이 아니라 우리 사회의 진정한 '사회통합'을 이끄는 교재여야 합니다. 이 교재를 통해 이민자들의 사회통합프로그램 참여를 확대하고 교수·학습의 효율성을 높이기를 기대합니다. 또한 이민자의 사회 적응을 돕고 진정한 사회통합으로 나아가는 데 일조하기를 기대해 봅니다.

마지막으로 우리 사회 이민자 대상 한국어 교육을 위해 의미 있는 교재 개발 사업을 기획하고 지원해 주신 국립국어원 관계자 여러분께 감사드리며, 법무부 이민통합과 관계자분들께도 감사드립니다. 그리고 다양하고 새로운 시도를 통해 멋진 교재로 완성해 주신 하우 출판사 관계자분들께도 진심으로 감사드립니다. 원고를 고치고 다듬느라 오랫동안 소중한 일상을 돌보지 못한 연구진들께도 머리 숙여 감사의 마음을 전합니다.

2020년 12월
저자 대표 이미혜

일러두기

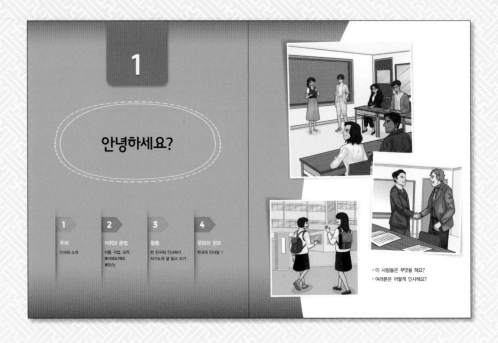

말하기와 듣기

- '말하기'는 모범 대화문을 활용한 대치 연습과 자유로운 대화 연습으로 구성하였다. 모범 대화문 연습을 통해 구체적인 상황에서 의사소통 기능 수행을 연습하도록 하였다. 자유로운 대화 연습은 모범 대화문의 확장으로, 자신의 상황에 맞게 말해 보는 연습이다.

- '듣기'는 '말하기'와 유사한 상황, 화제를 활용하여, 듣기 전 활동을 생략하고 듣기 단계 활동을 중심으로 구성하였다.

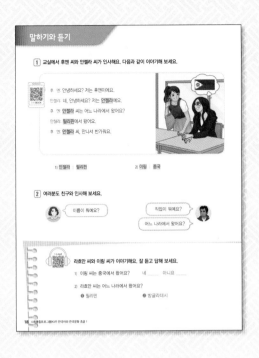

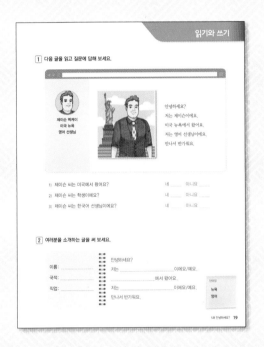

읽기와 쓰기

- '읽기'는 단원 주제와 연관된 다양한 글을 제시하였다. 이해 확인 연습은 선다형, 연결형, 진위형, 빈칸 채우기, 단답형 등으로 다양하게 구성하였다.

- '쓰기'는 '읽기'와 유사한 내용이나 형식의 글을 포함하고, 통제된 쓰기와 유도된 쓰기 형식을 적극 활용하여 쓰기에 대한 부담을 줄이도록 하였다.

발음

- 단원에서 학습하는 단어 중 어려운 발음을 선정하여 제시하고 반복 연습하도록 하였다.

문화와 정보

- 단원 주제와 관련된 문화를 선정하여 한국어로 설명하고 시각 자료를 제시하였다. 내용 이해를 돕기 위해 사진, 삽화를 충분히 제시하였다. 활동은 한국 문화에 대해 이야기하기, 자국 문화 소개하기, 자신의 경험 이야기하기 등으로 구성하여 상호문화적인 접근이 가능하도록 하였다.

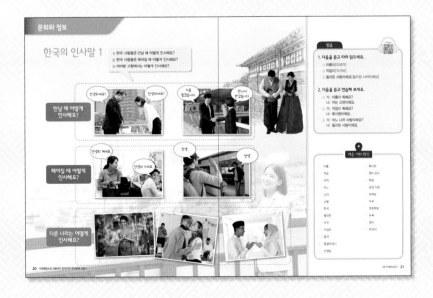

차례

교재 구성표

단원	단원명	주제	어휘	문법
1	안녕하세요?	인사와 소개	이름, 직업, 국적	명이에요/예요 명은/는
2	방에 책상이 있어요	사물	일상생활 사물, 장소①	명이/가 명에 있어요
3	한국어를 배워요	일상생활	기본 형용사, 기본 동사①	동형-어요 명을/를
4	라흐만 씨가 식당에 가요	장소	장소②	명에 가다 명에서
5	오늘은 5월 5일이에요	날짜와 요일	수①, 날짜, 요일	명에 명이/가 아니에요
6	9시부터 6시까지 일해요	하루 일과	수②, 기본 동사②	명부터 ~ 명까지 안 동형
7	김치찌개 하나 주세요	음식	음식, 식당 관련 표현	동-고 싶다 동-으세요
8	칫솔하고 치약을 삽니다	쇼핑	단위, 가격	명하고 명 동형-습니다, -습니까?
9	지난 주말에 친구를 만났어요	주말	주말 활동	동형-었- 명도
복습 1(1~9과)				
10	아버지는 요리를 잘하세요	가족	가족 관계, 높임말	동형-으시- 동형-지만
11	어버이날에 부모님께 꽃을 드려요	특별한 날	특별한 날 관련 어휘	명에게/한테/께 동-어 주다
12	이번 휴가에 뭐 할 거예요?	휴가 계획	휴일, 휴가 관련 어휘	동-을 거예요 동형-고(나열)
13	버스로 공항에 가요	교통	교통수단	명으로(수단) 동-으러 가다/오다
14	저녁 7시에 만날까요?	약속	약속 표현	동-을까요? 못 동
15	오늘 날씨가 정말 덥네요	날씨	계절, 날씨	동형-네요 명보다
16	배가 아파서 병원에 가요	병원	병원 어휘	동형-어서 동-는 것
17	사진을 찍지 마세요	공공장소	공공장소, 공공장소에서 하는 일	명으로(방향) 동-지 마세요
18	한국 생활은 조금 힘든데 재미있어요	한국 생활	한국 생활 관련 어휘	동형-지요? 동형-는데(대조)
복습 2(10~18과)				

활동	발음	문화와 정보
반 친구와 인사하기 자기소개 글 읽고 쓰기	이름이, 직업이, 필리핀 사람이에요	한국의 인사말 1
방 안 물건 이름 말하기 집 관련 정보 읽기	교실에, 없어요, 있어요	한국인의 이름
자신의 일상생활 말하기 일상생활 소개 글 읽고 쓰기	읽어요, 재미있어요, 많아요	한국의 인사말 2
장소 말하기 장소에서 하는 일 읽고 쓰기	극장에, 식당에서, 학교에	한국의 휴식 공간
날짜와 요일 말하기 명함 읽기	십이월, 금요일, 먹어요	유용한 전화번호
하루 일과 말하기 하루 일과 소개 글 읽고 쓰기	주말에, 몇 시부터, 저녁에	한국인의 일과 생활
음식 주문하기 메뉴판 읽기	앉으세요, 읽으세요, 먹고 싶어요	한국의 식사 예절
물건 사기 쇼핑 전단지 읽기	칫솔, 다섯 개, 닭, 닭고기	한국의 화폐
주말에 한 일 이야기하기 주말에 한 일 읽고 쓰기	만났어요, 재미있었어요, 샀어요	한국인의 주말 활동
가족 소개하기 가족 소개 글 읽고 쓰기	들으세요, 어떻게, 생신이에요	가족 호칭
특별한 날 소개하기 특별한 날의 경험 쓰기	만들어요, 축하해요, 어버이날이에요	한국의 국경일
휴가 계획 이야기하기 휴가 계획 글 읽고 쓰기	쉴 거예요, 마실 거예요, 갈 거예요	한국의 인기 여행지
교통편 묻고 답하기 행선지와 교통편 쓰기	어떻게, 버스 정류장, 지하철역	한국의 대중교통 수단
친구와 약속하기 약속 메시지 보내기	먹을까요?, 못 만나요, 못 먹어요	약속 장소
날씨 말하기 고향 날씨 소개 글 쓰기	작년, 춥네요, 피었네요	재난, 안전 안내 문자
아픈 친구에게 조언하기 아픈 이유 말하기	내과, 치과, 안과	한국의 병원
길 묻고 답하기 공공장소의 금지 표지 읽기	박물관, 못 만져요, 등록	한국의 공공 예절
한국 생활 정보 말하기 자신의 한국 생활에 대한 글 쓰기	아름답지요, 좋지요, 닫는데	한국어 줄임말

제이슨(미국)
영어 강사

라흐만(방글라데시)
새시 공장 직원

이링(중국)
면세점 판매원

안젤라(필리핀)
무역 회사 직원

박민수(한국)
자영업

유진(필리핀)

박슬기(한국)
초등학생

후엔(베트남)
주부

등장인물

라민(이집트)
유학생

잠시드(우즈베키스탄)
이삿짐센터 직원

김영욱(한국)
버스 기사

김성민(한국)
고등학생

고천(중국)
주부

정아라(한국)
한국어 선생님

아나이스(프랑스)
유학생

1

안녕하세요?

- 이 사람들은 무엇을 해요?
- 여러분은 어떻게 인사해요?

Q 이름이 뭐예요? 이야기해 보세요.

후엔이에요.

안젤라예요.

예문

• 가: 제이슨이에요?

　나: 네, 제이슨이에요.

• 가: 라흐만이에요?

　나: 아니요, 잠시드예요.

⊙ 이에요　• 후엔　➔　후엔이에요

　　　　　• 제이슨　➔　제이슨이에요

⊙ 예요　　• 잠시드　➔　잠시드예요

　　　　　• 안젤라　➔　안젤라예요

1　이름이 뭐예요? 이야기해 보세요.

보기

안녕하세요? 후엔이에요.

안녕하세요? 고천이에요.

후엔 / 고천

1)

잠시드 / 안젤라

2)

이링 / 라흐만

3)

제이슨 / 라민

2　반 친구에게 인사하고 이름을 말해 보세요.

안녕하세요?

안녕하세요?

🔍 **직업이 뭐예요? 어느 나라 사람이에요? 이야기해 보세요.**

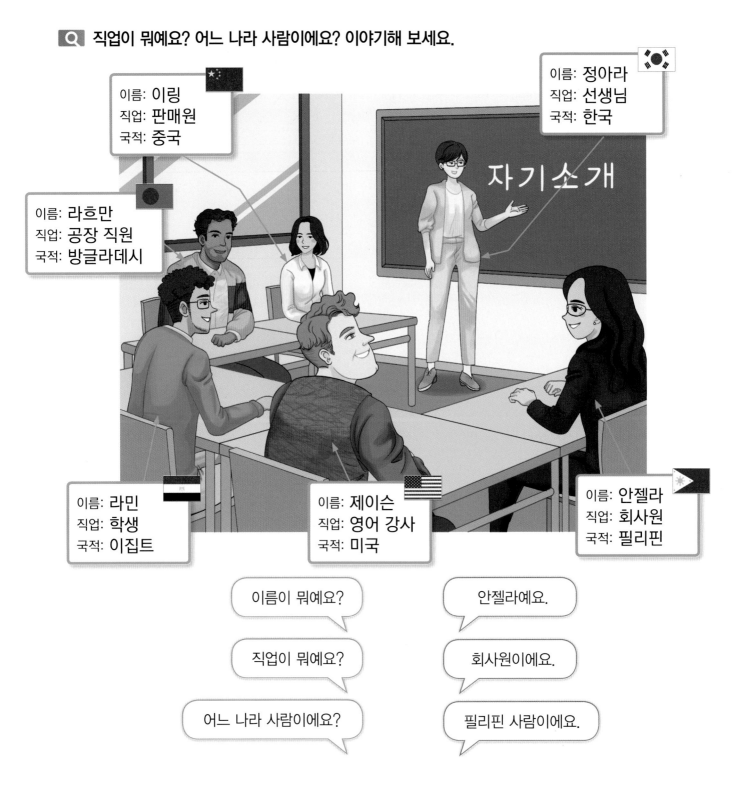

🔍 **반 친구들의 이름이 뭐예요? 직업이 뭐예요? 어느 나라 사람이에요? 이야기해 보세요.**

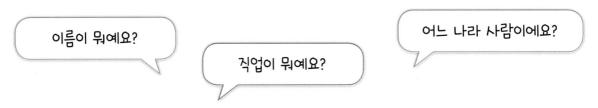

이름이나 직업 등을 소개할 때 사용해요.

안녕하세요?
저는 고천이에요.

안녕하세요?
저는 라민이에요.

예문

• 가: 고천 씨는 주부예요?

  나: 네, 저는 주부예요.

• 김성민은 학생이에요.

은	• 직업	→	직업은
	• 이름	→	이름은
는	• 저	→	저는
	• 안젤라	→	안젤라는

1 다음 사람들은 직업이 뭐예요? 어느 나라 사람이에요?

보기

박슬기는 초등학생이에요.
박슬기는 한국 사람이에요.

박슬기 | 초등학생, 한국 사람

1)

라민 | 학생, 이집트 사람

2)

안젤라 | 회사원, 필리핀 사람

3)

라흐만 | 공장 직원, 방글라데시 사람

2 반 친구들에게 자기소개를 해 보세요.

1 교실에서 후엔 씨와 안젤라 씨가 인사해요. 다음과 같이 이야기해 보세요.

후　엔: 안녕하세요? 저는 후엔이에요.

안젤라: 네, 안녕하세요? 저는 안젤라예요.

후　엔: 안젤라 씨는 어느 나라에서 왔어요?

안젤라: 필리핀에서 왔어요.

후　엔: 안젤라 씨, 만나서 반가워요.

1) 안젤라 ｜ 필리핀　　　　　　　2) 이링 ｜ 중국

2 여러분도 친구와 인사해 보세요.

 이름이 뭐예요?

직업이 뭐예요?

어느 나라에서 왔어요?

라흐만 씨와 이링 씨가 이야기해요. 잘 듣고 답해 보세요.

1) 이링 씨는 중국에서 왔어요?　　네 _____　아니요 _____

2) 라흐만 씨는 어느 나라에서 왔어요?

❶ 필리핀　　　　　　　❷ 방글라데시

1 다음 글을 읽고 질문에 답해 보세요.

제이슨 멕케이
미국 뉴욕
영어 선생님

안녕하세요?
저는 제이슨이에요.
미국 뉴욕에서 왔어요.
저는 영어 선생님이에요.
만나서 반가워요.

1) 제이슨 씨는 미국에서 왔어요?　　　　　네 _____ 아니요 _____

2) 제이슨 씨는 학생이에요?　　　　　　　네 _____ 아니요 _____

3) 제이슨 씨는 한국어 선생님이에요?　　　네 _____ 아니요 _____

2 여러분을 소개하는 글을 써 보세요.

이름: _____

국적: _____

직업: _____

안녕하세요?

저는 _____ 이에요/예요.

_____ 에서 왔어요.

저는 _____ 이에요/예요.

만나서 반가워요.

단어장

뉴욕

영어

한국의 인사말 1

1) 한국 사람들은 만날 때 어떻게 인사해요?
2) 한국 사람들은 헤어질 때 어떻게 인사해요?
3) 여러분 고향에서는 어떻게 인사해요?

만날 때 어떻게 인사해요?

헤어질 때 어떻게 인사해요?

다른 나라는 어떻게 인사해요?

만나서
반갑습니다.

안녕.

1-P.mp3

1. 다음을 듣고 따라 읽으세요.

1) 이름이[이르미]

2) 직업이[지거비]

3) 필리핀 사람이에요[필리핀 사라미에요]

2. 다음을 듣고 연습해 보세요.

1) 가: 이름이 뭐예요?
   나: 저는 고천이에요.

2) 가: 직업이 뭐예요?
   나: 회사원이에요.

3) 가: 어느 나라 사람이에요?
   나: 필리핀 사람이에요.

배운 어휘 확인

☐ 이름   ☐ 회사원

☐ 직업   ☐ 영어 강사

☐ 국적   ☐ 학생

☐ 어느   ☐ 공장 직원

☐ 나라   ☐ 판매원

☐ 사람   ☐ 주부

☐ 한국   ☐ 초등학생

☐ 필리핀   ☐ 뉴욕

☐ 미국   ☐ 영어

☐ 이집트   ☐ 한국어

☐ 중국

☐ 방글라데시

☐ 선생님

2

방에 책상이 있어요

- 여기는 어디예요?
- 여러분 교실에 뭐가 있어요?

Q 여기는 어디예요? 이게 뭐예요?

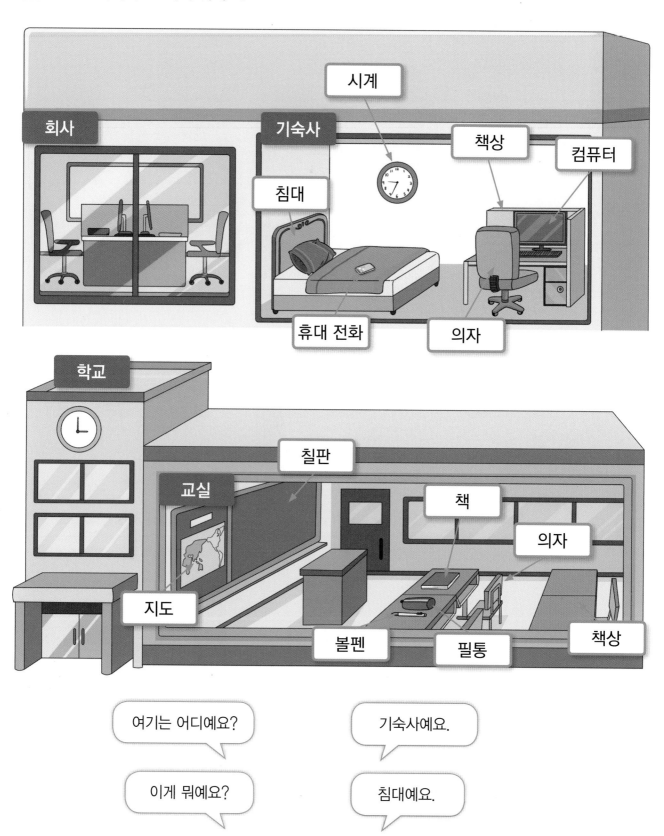

예문
- 가: 컴퓨터가 있어요?
  나: 네, 컴퓨터가 있어요.

- 가: 책이 있어요?
  나: 아니요, 책이 없어요.

이	• 책상 → **책상이**
	• 가방 → **가방이**
가	• 지도 → **지도가**
	• 의자 → **의자가**

1 교실이에요. 뭐가 있어요? 이야기해 보세요.

보기

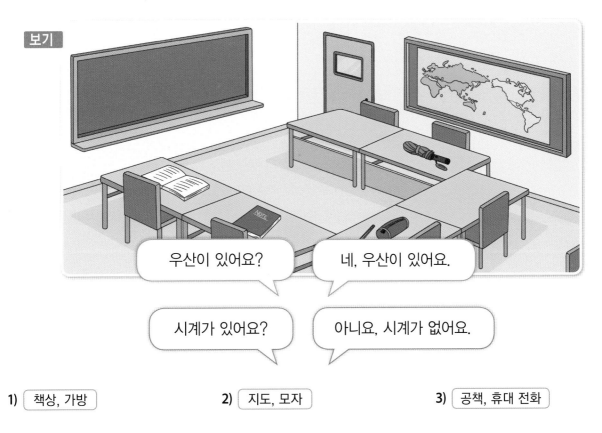

우산이 있어요?
네, 우산이 있어요.
시계가 있어요?
아니요, 시계가 없어요.

1) 책상, 가방   2) 지도, 모자   3) 공책, 휴대 전화

2 여러분 교실에 뭐가 있어요? 뭐가 없어요? 친구와 이야기해 보세요.

Q 여기는 어디예요? 뭐가 있어요?

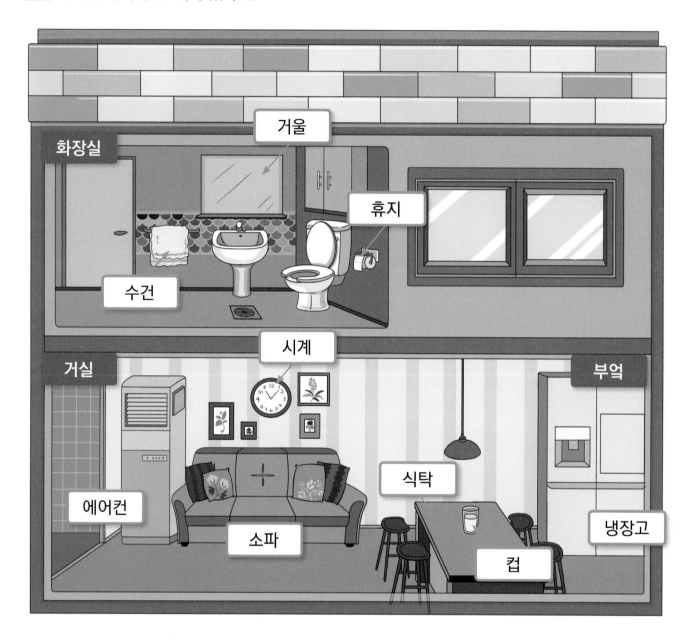

Q 여러분 집이에요. 뭐가 있어요? 이야기해 보세요.

냉장고가 있어요. 책상이 있어요.

사람이나 사물이 어디에 있는지 말할 때 사용해요.

텔레비전이 거실에 있어요?

네, 거실에 있어요.

예문

• 가: 시계가 방에 있어요?

　나: 네, 방에 있어요.

• 가: 후엔 씨가 부엌에 있어요?

　나: 아니요, 방에 있어요.

◆ 에 있어요	• 방	→	방에 있어요
	• 거실	→	거실에 있어요
	• 학교	→	학교에 있어요
	• 기숙사	→	기숙사에 있어요

1 무엇이 어디에 있어요? 이야기해 보세요.

보기

거실에 뭐가 있어요?

거실에 소파가 있어요.

1)

2)

3)
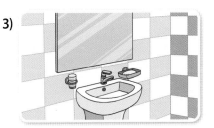

2 여러분 집에 뭐가 있어요? 뭐가 없어요? 이야기해 보세요.

1 교실에서 라흐만 씨와 이링 씨가 이야기해요. 다음과 같이 이야기해 보세요.

1-2 EBOOK

라흐만: 방에 책상이 있어요?

이 링: 네, 책상이 있어요.

라흐만: 방에 또 뭐가 있어요?

이 링: 방에 텔레비전이 있어요.

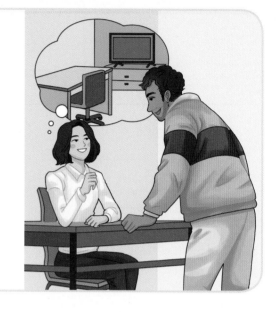

1) 책상 | 텔레비전   2) 침대 | 냉장고

2 여러분 집에 뭐가 있어요? 기숙사에 뭐가 있어요? 이야기해 보세요.

2-L.mp3

라민 씨와 고천 씨가 이야기해요. 잘 듣고 답해 보세요.

1) 라민 씨 기숙사에 세탁기가 있어요?

_____

2) 라민 씨 기숙사에 소파가 있어요?

_____

1 다음 글을 읽고 질문에 답해 보세요.

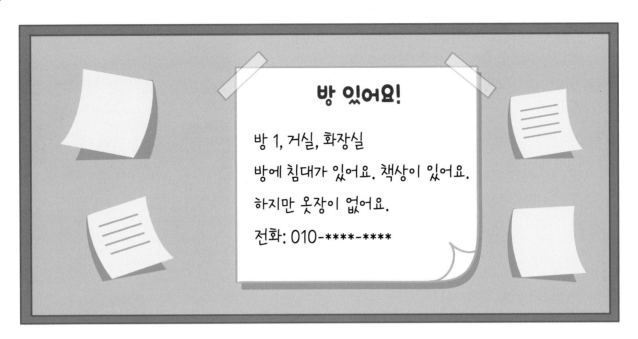

방 있어요!

방 1, 거실, 화장실
방에 침대가 있어요. 책상이 있어요.
하지만 옷장이 없어요.
전화: 010-****-****

1) 방에 뭐가 있어요?

2) 방에 컴퓨터가 있어요?

3) 어떤 방이에요? 고르세요.

❶  ❷  ❸    ❹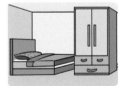

2 방에 뭐가 있어요? 그림을 보고 써 보세요.

방에 침대가 있어요. 그리고

단어장

하지만
옷장
그리고

한국인의 이름

여러분의 이름은 뭐예요? 한국 사람의 이름은 보통 세 글자예요. '박민수'라는 사람은 '박'이 성이에요. 성은 가족 이름이에요. 그리고 '민수'는 이름이에요. 처음 만나면 '박민수 씨', 또는 '민수 씨'라고 불러요.

1) 한국 사람 '박민수'의 성과 이름은 뭐예요?
2) 한국에서는 이름을 어떻게 불러요?
3) 여러분 고향에서는 이름을 어떻게 불러요?

발음

1. 다음을 듣고 따라 읽으세요.

1) 교실에[교시레]

2) 없어요[업써요]

3) 있어요[이써요]

2. 다음을 듣고 연습해 보세요.

1) 교실에 책상이 있어요.

2) 집에 에어컨이 없어요.

3) 가: 부엌에 식탁이 있어요?
　　 나: 네, 부엌에 식탁이 있어요.

배운 어휘 확인

☐ 회사　　　　　　☐ 화장실

☐ 기숙사　　　　　☐ 수건

☐ 책상　　　　　　☐ 거울

☐ 의자　　　　　　☐ 휴지

☐ 침대　　　　　　☐ 거실

☐ 컴퓨터　　　　　☐ 에어컨

☐ 휴대 전화　　　　☐ 소파

☐ 시계　　　　　　☐ 부엌

☐ 학교　　　　　　☐ 식탁

☐ 교실　　　　　　☐ 컵

☐ 칠판　　　　　　☐ 냉장고

☐ 지도　　　　　　☐ 하지만

☐ 책　　　　　　　☐ 옷장

☐ 필통　　　　　　☐ 그리고

☐ 볼펜

3

한국어를 배워요

1	**2**	**3**	**4**
주제	**어휘와 문법**	**활동**	**문화와 정보**
일상생활	기본 형용사/기본 동사①	자신의 일상생활 말하기	한국의 인사말 2
	동 형-어요	일상생활 소개 글 읽고	
	명 을/를	쓰기	

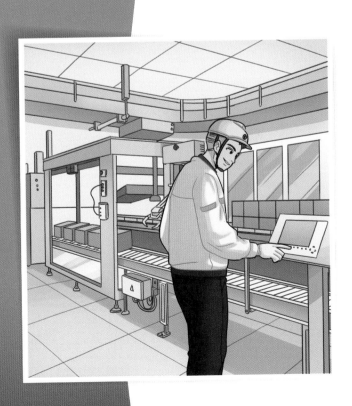

- 이 사람들이 무엇을 해요?
- 여러분은 오늘 무엇을 해요?

🔍 그림을 보고 이야기해 보세요.

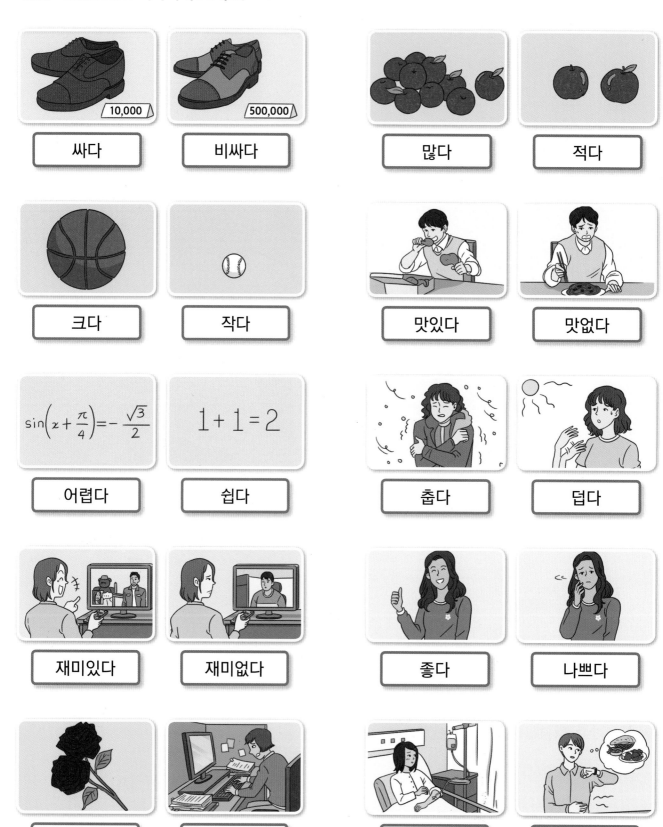

싸다	비싸다	많다	적다
크다	작다	맛있다	맛없다
어렵다	쉽다	춥다	덥다
재미있다	재미없다	좋다	나쁘다
예쁘다	바쁘다	아프다	배가 고프다

동사, 형용사 뒤에 붙어 문장의 끝(종결)을 나타내요.

빵이 맛있어요?

네, 맛있어요.

예문

• 가: 사과가 **싸요**?

  나: 아니요, 사과가 **비싸요**.

• 한국어는 **쉬워요**. 영어는 **어려워요**.

-아요	• 싸다	→	**싸요**
	• 많다	→	**많아요**
	• 좋다	→	**좋아요**
-어요	• 맛있다	→	**맛있어요**
	★ 예쁘다	→	**예뻐요**
	★ 춥다	→	**추워요**

---

1 그림을 보고 친구에게 물어보세요.

보기

의자가 많아요?

네, 의자가 많아요.

의자, 많다

1)
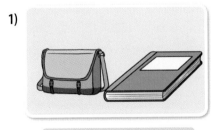
가방, 작다

2)

책, 재미있다

3)

과장님, 바쁘다

---

2 친구하고 이야기해 보세요.

한국어 공부가 어려워요?

아니요, 재미있어요.

1) 한국어 공부가 어려워요?

2) 한국 음식이 맛있어요?

3) 한국 드라마가 재미있어요?

4) 한국 날씨가 추워요?

🔍 **무엇을 해요?**

고향 음식을 요리하다

책을 읽다

한국어를 공부하다

텔레비전을 보다

커피를 마시다

방을 청소하다

빵을 먹다

친구를 만나다

옷을 사다

일하다

자다

운동하다

지금 뭐 해요?

책을 읽어요.

예문

· 가: 무엇을 마셔요?

나: 주스를 마셔요.

· 저는 텔레비전을 봐요.
성민 씨는 한국어를 공부해요.

◎ 을	· 책	→	책을
	· 옷	→	옷을
◎ 를	· 사과	→	사과를
	· 영화	→	영화를

1 이 사람은 뭐 해요? 이야기해 보세요.

보기

슬기는 지금 뭐 해요?

슬기는 게임을 해요.

슬기 게임을 하다

1)

제이슨 빵을 먹다

2)

안젤라 텔레비전을 보다

3)

이링 일하다

2 여러분은 오늘 뭐 해요? 그 일이 어때요? 이야기해 보세요.

저는 오늘 책을 읽어요. 책이 재미있어요.

1 교실에서 제이슨 씨와 후엔 씨가 이야기해요. 다음과 같이 이야기해 보세요.

1-3 EBOOK

제이슨: 후엔 씨, 오늘 뭐 해요?

후 엔: 친구를 만나요. 제이슨 씨는 뭐 해요?

제이슨: 저는 한국 영화를 봐요.
한국 영화가 재미있어요.

1) 친구를 만나다 | 한국 영화를 보다, 한국 영화가 재미있다

2) 청소를 하다 | 친구를 만나다, 커피를 마시다

2 여러분은 오늘 뭐 해요? 이야기해 보세요.

3-L.mp3

라흐만 씨와 이링 씨가 이야기해요. 잘 듣고 답해 보세요.

1) 이링 씨는 오늘 뭐 해요?

_____

2) 숙제가 (☐ 많아요   ☐ 적어요).

3) 숙제가 (☐ 재미있어요   ☐ 재미없어요).

18

1 다음은 친구들의 이야기예요. 잘 읽고 질문에 답해 보세요.

교실에 학생들이 있어요.

후엔 씨가 책을 읽어요.

책이 재미있어요.

안젤라 씨가 전화해요.

라민 씨가 물을 마셔요.

라흐만 씨가 빵을 먹어요.

빵이 맛있어요.

1) 후엔 씨가 어디에 있어요?

2) 안젤라 씨가 뭐 해요?

3) 빵이 맛있어요?

2 학생들이 지금 뭐 해요? 써 보세요.

교실에 학생들이 있어요.

고천 씨가 유튜브를

유튜브가

잠시드 씨가 이야기

이링 씨가 커피를

제이슨 씨가 사과를

사과가

단어장

학생들

유튜브

한국의 인사말 2

한국 사람들은 다른 사람에게 고마울 때, '고맙습니다'. '감사합니다'라고 말해요. 그리고 다른 사람에게 사과할 때, '죄송합니다', '미안합니다'라고 말해요. 이 말들은 비슷한 뜻이에요. 그러나 '미안합니다'는 나이가 많은 사람이나 윗사람에게 잘 쓰지 않아요. '죄송합니다'가 더 좋아요.

1) 한국 사람은 언제 '고맙습니다'를 말해요?
2) '미안합니다'와 비슷한 인사말은 뭐예요?
3) 여러분 나라 말로 '고맙습니다', '미안합니다'는 뭐예요?

고마울 때 어떻게 인사해요?

고맙습니다.

사과할 때 어떻게 말해요?

미안합니다.

고맙습니다.

감사합니다.

죄송합니다.

발음

1. 다음을 듣고 따라 읽으세요.

1) 읽어요[일거요]
2) 재미있어요[재미이써요]
3) 많아요[마나요]

2. 다음을 듣고 연습해 보세요.

1) 가: 뭐 해요?
　 나: 한국어 책을 읽어요.

2) 가: 영화가 재미있어요?
　 나: 네, 재미있어요.

3) 가: 사과가 많아요?
　 나: 아니요, 사과가 적어요.

배운 어휘 확인

☐ 싸다	☐ 재미있다	☐ 커피를 마시다
☐ 비싸다	☐ 재미없다	☐ 방을 청소하다
☐ 많다	☐ 좋다	☐ 빵을 먹다
☐ 적다	☐ 나쁘다	☐ 친구를 만나다
☐ 크다	☐ 예쁘다	☐ 옷을 사다
☐ 작다	☐ 바쁘다	☐ 일하다
☐ 맛있다	☐ 아프다	☐ 자다
☐ 맛없다	☐ 배가 고프다	☐ 운동하다
☐ 어렵다	☐ 고향 음식을 요리하다	☐ 학생들
☐ 쉽다	☐ 책을 읽다	☐ 유튜브
☐ 춥다	☐ 한국어를 공부하다	
☐ 덥다	☐ 텔레비전을 보다	

4

라흐만 씨가 식당에 가요

- 이 사람들은 어디에 가요?
  거기에서 뭐 해요?

- 여러분은 오늘 어디에 가요?
  거기에서 뭐 해요?

Q 여기는 어디예요?

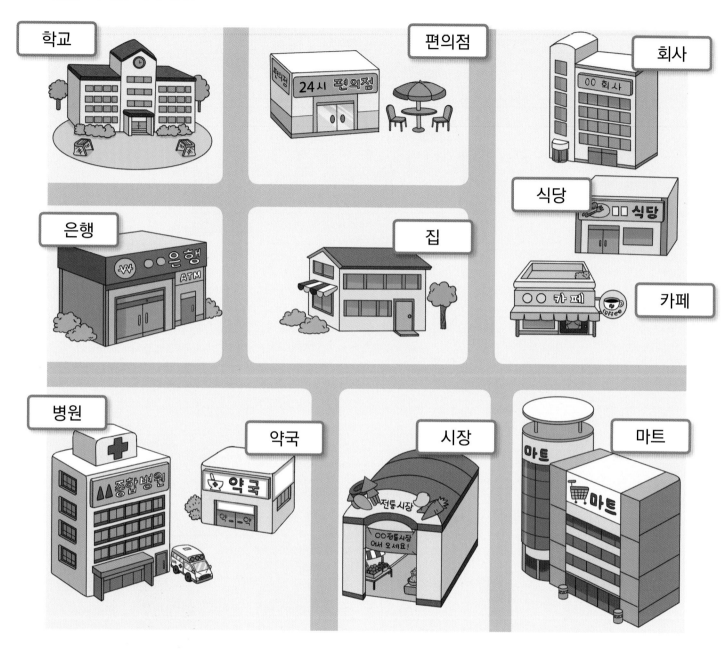

학교 / 편의점 / 회사 / 은행 / 집 / 식당 / 카페 / 병원 / 약국 / 시장 / 마트

Q 여러분 집 근처에 뭐가 있어요? 이야기해 보세요.

집 근처에 약국이 있어요?

네, 약국이 있어요.

명 에 가다

어떤 장소로 이동함을 나타낼 때 사용해요.

학교에 가요.

라민 씨, 어디에 가요?

예문
- 가: 이링 씨, 지금 집에 가요?
  나: 네, 집에 가요.
- 제 친구가 한국에 와요.

에 가다		
은행	→	은행에 가다
집	→	집에 가다
마트	→	마트에 가다
학교	→	학교에 가다

---

1 어디에 가요? 이야기해 보세요.

보기

후엔 씨, 지금 어디에 가요?

식당에 가요.

후엔, 식당

1)

박민수, 마트

2)

고천, 병원

3)

잠시드, 회사

---

2 여러분은 오늘 어디에 가요? 이야기해 보세요.

Q 어디예요? 사람들이 뭐 해요?

영화관/극장
백화점
찜질방
헬스장
노래방
피시방(PC방)
미용실
빨래방
우체국
서점

명에서

어떤 행위나 동작이 이루어지는 장소를 나타낼 때 사용해요.

어디에서 운동해요?

헬스장에서 운동해요.

예문

•가: 이링 씨는 뭐 해요?

　나: 카페에서 차를 마셔요.

•잠시드 씨는 극장에서 영화를 봐요.

에서		
•시장	→	시장에서
•백화점	→	백화점에서
•학교	→	학교에서
•카페	→	카페에서

---

1 어디에 가요? 거기에서 뭐 해요? 이야기해 보세요.

제이슨 씨, 어디에 가요?

거기에서 뭐 해요?

보기

서점　책을 사다

서점에 가요.

서점에서 책을 사요.

1)

백화점　쇼핑하다

2)

노래방　노래를 하다

3)

우체국　편지를 보내다

---

2 여러분은 오늘 어디에 가요? 거기에서 뭐 해요? 이야기해 보세요.

1 라흐만 씨가 동료와 이야기해요. 다음과 같이 이야기해 보세요.

동　료: 라흐만 씨, 어디에 가요?

라흐만: 식당에 가요.

동　료: 오늘 회사 식당에서 밥을 먹어요?

라흐만: 아니요, 회사 근처에서 먹어요.

1) 회사 식당 ｜ 회사 근처   2) 직원 식당 ｜ 회사 밖

2 여러분은 오늘 어디에 가요? 이야기해 보세요.

 오늘 어디에 가요?   우체국에 가요.

 이링 씨가 친구와 이야기해요. 잘 듣고 답해 보세요.

1) 이링 씨는 지금 어디에 가요?

_____

2) 이링 씨는 거기에서 뭐 해요?

_____

단어장

회사 식당

직원 식당

근처

밖

1 다음 글을 읽고 질문에 답해 보세요.

후엔 씨는 오늘 공원에 가요. 공원에서 운동을 해요. 후엔 씨는 운동을 아주 좋아해요. 후엔 씨 남편은 기타를 좋아해요. 주말에 문화 센터에 가요. 문화 센터에서 기타를 배워요.

1) 후엔 씨는 어디에서 운동을 해요?

_____

2) 후엔 씨 남편은 무엇을 좋아해요?

_____

3) 후엔 씨 남편은 문화 센터에서 뭐 해요?

_____

2 여러분은 오늘 어디에 가요? 거기에서 뭐 해요? 써 보세요.

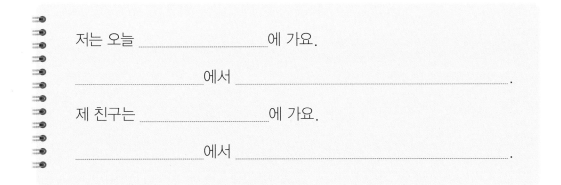

저는 오늘 _____ 에 가요.

_____ 에서 _____ .

제 친구는 _____ 에 가요.

_____ 에서 _____ .

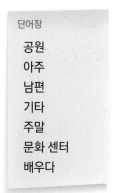

단어장

공원
아주
남편
기타
주말
문화 센터
배우다

한국의 휴식 공간

한국에는 사람들이 쉴 수 있는 장소가 많아요. 사람들이 산책을 하거나 자전거를 타는 시민 공원이 있어요. 아름다운 경치를 보면서 천천히 산책을 하는 둘레길도 있어요. 사람들이 잠깐 동안 쉴 수 있는 쉼터도 많아요. 사람들은 시민 공원, 둘레길, 쉼터에서 즐거운 시간을 보내요.

1) 한국 사람들은 시민 공원, 둘레길에서 무엇을 해요?
2) 한국 사람들은 시민 공원, 둘레길, 쉼터에서 시간을 어떻게 보내요?
3) 여러분 고향의 공원, 쉼터를 이야기해 보세요.

발음

1. 다음을 듣고 따라 읽으세요.

1) 극장에[극짱에]
2) 식당에서[식땅에서]
3) 학교에[학꾜에]

2. 다음을 듣고 연습해 보세요.

1) 저는 지금 극장에 가요.
2) 식당에서 밥을 먹어요.
3) 가: 어디에 가요?
   나: 학교에 가요.

배운 어휘 확인

☐ 학교	☐ 찜질방	☐ 남편
☐ 편의점	☐ 헬스장	☐ 기타
☐ 회사	☐ 노래방	☐ 주말
☐ 은행	☐ 피시방(PC방)	☐ 문화 센터
☐ 집	☐ 미용실	☐ 배우다
☐ 식당	☐ 빨래방	
☐ 카페	☐ 우체국	
☐ 병원	☐ 서점	
☐ 약국	☐ 회사 식당	
☐ 시장	☐ 직원 식당	
☐ 마트	☐ 근처	
☐ 영화관	☐ 밖	
☐ 극장	☐ 공원	
☐ 백화점	☐ 아주	

5

오늘은 5월 5일이에요

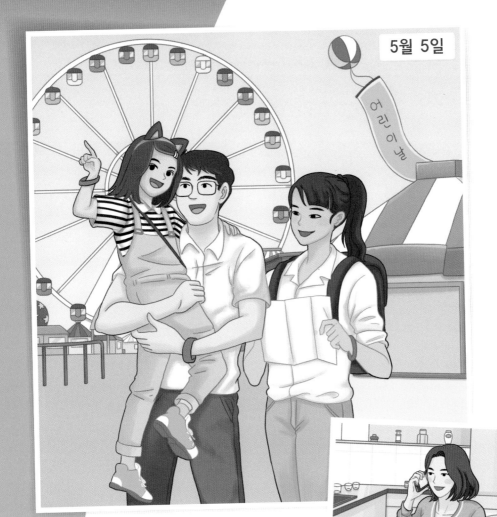

5월 5일

어린이날

5월 8일

0508

10월 9일

한국어 말하기 대회

- 사람들은 언제, 뭐 해요?
- 여러분 고향의 어버이날은 언제예요?

🔍 수①

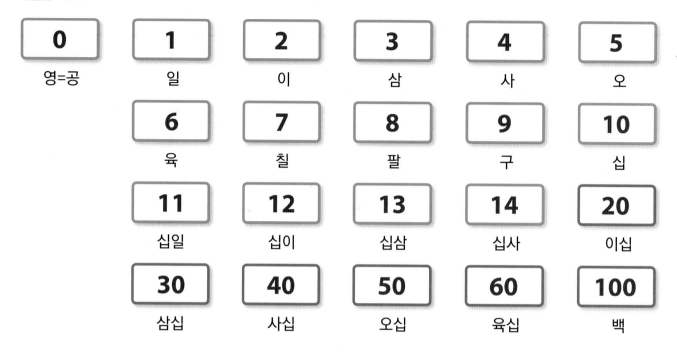

0 영=공	**1** 일	**2** 이	**3** 삼	**4** 사	**5** 오
6 육	**7** 칠	**8** 팔	**9** 구	**10** 십	
11 십일	**12** 십이	**13** 십삼	**14** 십사	**20** 이십	
30 삼십	**40** 사십	**50** 오십	**60** 육십	**100** 백	

🔍 몇 월 며칠이에요? 이야기해 보세요.

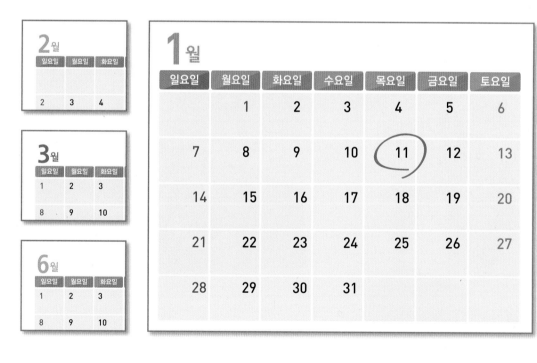

몇 월이에요? 일월이에요. 며칠이에요? 십일일이에요.

예문
- 가: 언제 고향에 가요?
  나: 2월 16일에 가요.

- 친구 생일에 케이크를 사요.

에	• 8월 15일	→	8월 15일에
	• 7월	→	7월에
	• 화요일	→	화요일에
	• 주말	→	주말에

1 언제 뭐 해요? 이야기해 보세요.

4월 8일에 뭐 해요?

언제 친구를 만나요?

보기

4월 8일에 친구를 만나요.

4월 8일에 만나요.

1)

2)

3)

2 여러분은 언제 뭐 해요? 이야기해 보세요.

Q 날짜와 요일을 이야기해 보세요.

9월

일요일	월요일	화요일	수요일	목요일	금요일	토요일	
1	2	3	4	5	6	7	지난주
8	9	10 어제	11 오늘	12 내일	13	14	이번 주
15	16	17	18	19	20	21	다음 주
22	23	24	25	26	27	28	
29	30						

오늘이 무슨 요일이에요?

수요일이에요.

Q 몇 월 며칠이에요? 무슨 요일이에요?

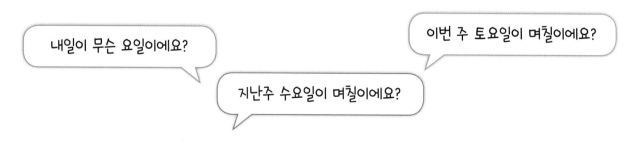

내일이 무슨 요일이에요?

지난주 수요일이 며칠이에요?

이번 주 토요일이 며칠이에요?

3월 8일이 토요일이에요?

아니요. 토요일이 아니에요.
일요일이에요.

예문

• 가: 라흐만 씨 기숙사가 3층이에요?

　나: 아니요, 3층이 아니에요. 4층이에요.

• 가: 5월 5일이 어버이날이에요?

　나: 아니요, 어버이날이 아니에요.
　　　어린이날이에요.

➡ 이 아니에요	• 일요일	➡	일요일이 아니에요
	• 한국 사람	➡	한국 사람이 아니에요
➡ 가 아니에요	• 어제	➡	어제가 아니에요
	• 이번 주	➡	이번 주가 아니에요

1 친구와 이야기해 보세요.

보기

오늘이 생일이에요?

아니요, 오늘이 아니에요.
내일이에요.

오늘이 생일? │ 오늘(X), 내일(O)

1)

내일이 목요일?
목요일(X), 수요일(O)

2)
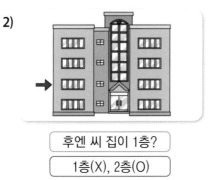

후엔 씨 집이 1층?
1층(X), 2층(O)

3)

박민수 씨 차 번호가 9977?
9977(X), 9077(O)

2 지금이 1월이에요? 오늘이 월요일이에요? 이야기해 보세요.

1 교실에서 제이슨 씨와 이링 씨가 이야기해요. 다음과 같이 이야기해 보세요.

제이슨: 이링 씨, 생일이 몇 월 며칠이에요?

이　링: 5월 16일이에요.

제이슨: 그날이 금요일이에요?

이　링: 아니요, 금요일이 아니에요. 토요일이에요.
　　　　제 생일에 같이 밥 먹어요.

5월 16일 토요일

생일

1) 5월 16일 | 금요일(X), 토요일(O)　　2) 11월 30일 | 일요일(X), 월요일(O)

2 여러분 생일은 몇 월 며칠이에요? 올해 생일은 무슨 요일이에요? 이야기해 보세요.

> 생일이 언제예요?

> 올해 생일이 무슨 요일이에요?

> 생일에 뭐 해요?

5-L.mp3

라흐만 씨와 고천 씨가 전화해요. 잘 듣고 답해 보세요.

1) 이링 씨 전화번호가 뭐예요?

❶ 010-875-9064　　　　　　❷ 010-875-9063

2) 이링 씨 집은 어디예요?

_____

1 다음 글을 읽고 질문에 답해 보세요.

1) 박재현 씨 직업이 뭐예요?

_____

2) 나리 병원이 몇 층에 있어요?

_____

3) 나리 병원 전화번호가 몇 번이에요?

_____

2 여러분은 무슨 일을 해요? 여러분의 명함을 만들어 보세요.

이름:

직업:

주소:

전화번호:

단어장

의사

빌딩

(3)층 (17)호

명함

유용한 전화번호

다음은 한국 생활에 필요한 전화번호예요. 119는 소방서 전화번호예요. 불이 나면 119로 전화해요. 112는 경찰서 전화번호예요. 112에 전화하면 경찰이 와요. 110은 민원 상담 전화예요. 정부 기관에 질문이 있으면 110으로 전화해요. 1345는 외국인종합안내센터예요. 외국어로 안내해요.

1) 119는 언제 전화해요?

2) 외국인종합안내센터는 몇 번이에요?

3) 여러분 고향에서 한국의 119, 112와 같은 전화는 몇 번이에요?

소방서

112 경찰서

어떻게 해요?

국민 콜 110

한국어
English
中国话
日本語
Tiếng Việt

1345 외국인종합안내센터

발음

1. 다음을 듣고 따라 읽으세요.

1) 십이월[시비월]

2) 금요일[그묘일]

3) 먹어요[머거요]

2. 다음을 듣고 연습해 보세요.

1) 가: 십이월 십육일에 뭐 해요?
   나: 친구를 만나요.

2) 가: 오늘이 무슨 요일이에요?
   나: 금요일이에요.

3) 가: 생일에 뭐 해요?
   나: 같이 밥 먹어요.

배운 어휘 확인

☐ 몇 월	☐ 이십	☐ 금요일
☐ 며칠	☐ 삼십	☐ 토요일
☐ 영/공	☐ 오늘	☐ 일요일
☐ 일	☐ 내일	☐ 의사
☐ 이	☐ 어제	☐ 빌딩
☐ 삼	☐ 지난주	☐ (3)층 (17)호
☐ 사	☐ 이번 주	☐ 명함
☐ 오	☐ 다음 주	
☐ 육	☐ 요일	
☐ 칠	☐ 월요일	
☐ 팔	☐ 화요일	
☐ 구	☐ 수요일	
☐ 십	☐ 목요일	

6

9시부터 6시까지 일해요

- 라흐만 씨는 하루를 어떻게 보내요?
  몇 시에 뭐 해요?

- 여러분의 하루 일과는 어때요?

🔍 수②

1	2	3	4	5	6	7
하나 한 명	둘 두 명	셋 세 명	넷 네 명	다섯	여섯	일곱

8	9	10	11	12	20	30
여덟	아홉	열	열하나 열한 명	열둘 열두 명	스물 스무 명	서른

40	50	60	70	80	90
마흔	쉰	예순	일흔	여든	아흔

🔍 몇 시예요? 이야기해 보세요.

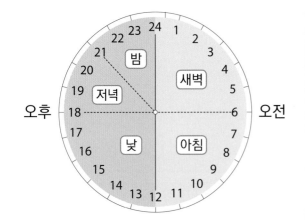

시				분	
1시	한 시	7시	일곱 시	1분	일 분
2시	두 시	8시	여덟 시	2분	이 분
3시	세 시	9시	아홉 시	5분	오 분
4시	네 시	10시	열 시	10분	십 분
5시	다섯 시	11시	열한 시	15분	십오 분
6시	여섯 시	12시	열두 시	30분	삼십 분 (=반)

1) 여덟 시

2) 두 시 삼십 분
(=두 시 반)

3) 열 시 십오 분

4) 세 시 오십 분
(= 네 시 십 분 전)

몇 시예요?

여덟 시예요.

명부터 ~ 명까지

시간을 나타내는 말 뒤에 사용해요. 시작 시간과 끝나는 시간을 말할 때 사용해요.

몇 시부터 몇 시까지 점심시간이에요?

12시부터 1시까지 점심시간이에요.

예문

- 가: 언제 한국어 수업이 있어요?

  나: 월요일부터 금요일까지 한국어 수업이 있어요.

- 8월 1일부터 8월 7일까지 휴가예요.

부터 ~ 까지		
· 한 시~두 시	→	한 시부터 두 시까지
· 월요일~금요일	→	월요일부터 금요일까지
· 1월~3월	→	1월부터 3월까지

---

1 제이슨의 하루예요. 이야기해 보세요.

보기

AM 6:15 ~ 7:00

몇 시부터 몇 시까지 운동해요?

여섯 시 십오 분부터 일곱 시까지 해요.

운동하다

1)

AM 9:10 ~ PM 12:00

수업을 하다

2)

PM 12:30 ~ 1:10

점심을 먹다

3)

PM 4:00 ~ 5:45

한국어 공부를 하다

---

2 여러분은 아침부터 밤까지 뭐 해요? 여러분의 하루를 이야기해 보세요.

저는 7시 10분에 일어나요.
7시 30분부터 8시까지 아침을 먹어요.

Q 아나이스 씨와 안젤라 씨의 하루예요. 두 사람이 뭐 해요?

아나이스 씨의 하루

일어나다 ➡ 세수하다 ➡ 옷을 입다

잠을 자다 ⬅ 친구를 만나다 ⬅ 한국어를 배우다

안젤라 씨의 하루

 출근하다 ➡  일하다 ➡  퇴근하다

아나이스 씨가 오늘 뭐 해요?

한국어를 배워요.

Q 여러분은 내일 뭐 해요? 이야기해 보세요.

커피숍에서 친구를 만나요. 그리고 이야기해요.

안 [동][형]

어떤 행동이나 상태를 부정할 때 사용해요.

이링 씨, 영어를 배워요?

아니요, 영어를 **안** 배워요.
한국어를 배워요.

예문
- 가: 아나이스 씨, 아침을 먹어요?
  나: 아니요, 아침을 **안** 먹어요.
- 오늘은 일요일이에요. 출근을 **안** 해요.

안		
• 먹다	→	**안 먹다**
• 작다	→	**안 작다**
• 배우다	→	**안 배우다**
• 비싸다	→	**안 비싸다**
• 출근하다	→	**출근 안 하다**
• 퇴근하다	→	**퇴근 안 하다**

1 무엇을 해요? 무엇을 안 해요? 이야기해 보세요.

	네	아니요
보기 오늘 공원에 가요?		✓
1) 아침에 운동해요?		✓
2) 도서관에서 책을 읽어요?	✓	
3) 한국어 숙제를 해요?		✓
4) 프랑스 친구를 만나요?	✓	
5) 한국 노래를 들어요?	✓	

아나이스 씨, 오늘 공원에 가요?

아니요, 공원에 안 가요.

2 여러분은 무엇을 해요? 무엇을 안 해요?

1 안젤라 씨가 동료와 주말 이야기를 해요. 다음과 같이 이야기해 보세요.

동　료: 안젤라 씨, 주말에 일해요?

안젤라: 아니요, 일 안 해요. 주말에 한국어를 배워요.

동　료: 몇 시부터 몇 시까지 배워요?

안젤라: 10시부터 12시까지 배워요.

1) 한국어를 배우다 ｜ 10시~12시　　　2) 테니스를 배우다 ｜ 5시~6시

2 여러분은 주말에 무엇을 해요? 친구와 이야기해 보세요.

주말에 일해요?

주말에 한국어를 배워요?

잠시드 씨와 친구가 이야기해요. 잘 듣고 답해 보세요.

1) 잠시드 씨는 이번 일요일에 회사에 가요?

_____

2) 잠시드 씨는 이번 토요일에 몇 시까지 일을 해요?

_____

단어장

테니스

1 다음 글을 읽고 질문에 답해 보세요.

안젤라 씨는 아침 6시에 일어나요. 6시부터 7시까지 집 근처 공원에서 운동을 해요. 오전 8시부터 오후 5시까지 사무실에서 일해요. 오후 6시에 마트에서 장을 봐요. 저녁에는 운동을 안 해요. 저녁 8시부터 집에서 한국어 숙제를 해요. 그리고 10시 반에 잠을 자요.

1) 맞으면 ○, 틀리면 X 하세요.

   ❶ 안젤라 씨는 일곱 시에 일어나요.　　　　　(　　)

   ❷ 안젤라 씨는 오전 여덟 시부터 일해요.　　　(　　)

2) 안젤라 씨는 몇 시에 마트에 가요?　　　..

3) 안젤라 씨는 몇 시에 자요?　　　..

2 여러분은 매일 뭐 해요? 하루 일과를 써 보세요.

저는 .... 에 일어나요.

저는 .... 시부터 .... 시까지 ....

저는 .... 시부터 .... 시까지 ....

저는 .... 시부터 .... 시까지 ....

저는 .... 시부터 .... 시까지 ....

한국인의 일과 생활

한국인은 일을 얼마나 많이 할까요? 한국 사람들은 보통 월요일부터 금요일까지 일을 해요. 보통 하루에 8시간 일을 해요. 일이 많으면 밤까지 일을 해요. 그리고 주말에도 일을 해요. 그렇지만 일주일에 52시간 이상 일하면 안 돼요. 학생들은 9시까지 학교에 가요. 초등학생은 2시쯤, 고등학생은 5시쯤 집에 가요.

1) 한국 사람들은 하루에 몇 시간 일해요?
2) 한국 학생은 몇 시부터 몇 시까지 학교에서 공부해요?
3) 여러분 고향에서는 보통 몇 시부터 몇 시까지 일해요? 학생들은 몇 시에 학교에 가요?

9:00

12:00

9:00

18:00

14:00/17:00

발음

1. 다음을 듣고 따라 읽으세요.

1) 주말에[주마레]

2) 몇 시부터[멷 씨부터]

3) 저녁에[저녀게]

2. 다음을 듣고 연습해 보세요.

1) 가: 주말에 출근해요?
   나: 아니요, 주말에 출근 안 해요.

2) 가: 한국어 수업은 몇 시부터 몇 시까지예요?
   나: 9시부터 1시까지예요.

3) 가: 저녁에 운동해요?
   나: 아니요, 저녁에 운동 안 해요.

배운 어휘 확인

☐ 영/공	☐ 서른	☐ 시
☐ 하나	☐ 마흔	☐ 분
☐ 둘	☐ 쉰	☐ 반
☐ 셋	☐ 예순	☐ 일어나다
☐ 넷	☐ 일흔	☐ 세수하다
☐ 다섯	☐ 여든	☐ 옷을 입다
☐ 여섯	☐ 아흔	☐ 잠을 자다
☐ 일곱	☐ 오전	☐ 친구를 만나다
☐ 여덟	☐ 오후	☐ 한국어를 배우다
☐ 아홉	☐ 새벽	☐ 출근하다
☐ 열	☐ 아침	☐ 일하다
☐ 열하나	☐ 낮	☐ 퇴근하다
☐ 열둘	☐ 저녁	☐ 테니스
☐ 스물	☐ 밤	

7

김치찌개 하나 주세요

- 여기는 어디예요?
- 여러분은 어느 식당에 자주 가요?

Q 무슨 음식이 있어요?

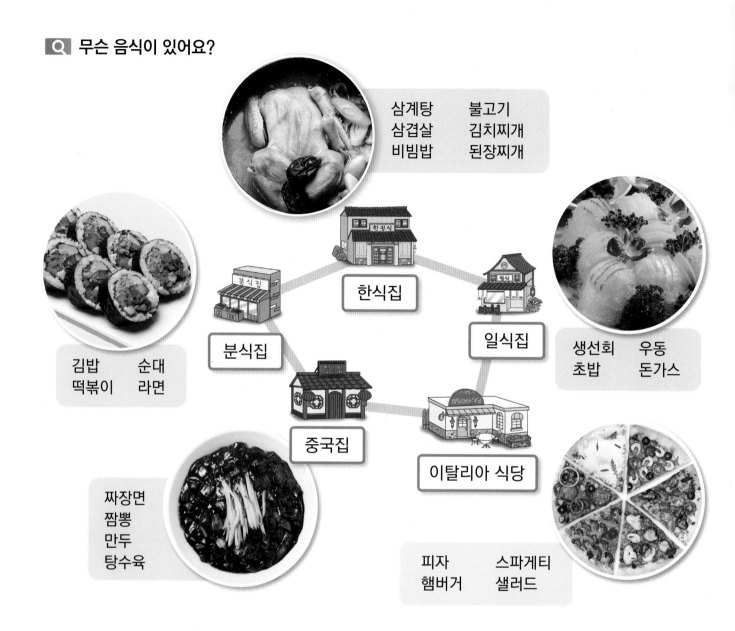

삼계탕　　불고기
삼겹살　　김치찌개
비빔밥　　된장찌개

한식집

일식집

생선회　　우동
초밥　　　돈가스

분식집

김밥　　　순대
떡볶이　　라면

중국집

짜장면
짬뽕
만두
탕수육

이탈리아 식당

피자　　　스파게티
햄버거　　샐러드

Q 여러분은 무슨 음식을 좋아해요? 무슨 음식을 안 좋아해요? 친구와 이야기해 보세요.

 무슨 음식을 좋아해요?　　　저는 떡볶이를 좋아해요.

질문	나	친구 1	친구 2
무슨 음식을 좋아해요?			
무슨 음식을 안 좋아해요?			

동 -고 싶다

어떤 행동을 하기 원함을 나타낼 때 사용해요.

라민 씨, 뭐 먹고 싶어요?

저는 냉면을 먹고 싶어요.

예문
- 가: 오늘 뭐 하고 싶어요?

  나: 쇼핑을 하고 싶어요.

- 저는 가족을 만나고 싶어요.

◎ -고 싶다	
• 먹다	→ 먹고 싶다
• 입다	→ 입고 싶다
• 가다	→ 가고 싶다
• 만나다	→ 만나고 싶다

Tip 그 사람은/그 친구는 + '~고 싶어 하다'

1 뭐 하고 싶어요? 이야기해 보세요.

보기

제이슨 씨, 무엇을 하고 싶어요?

제이슨, 바다에 가다

저는 바다에 가고 싶어요.

1)

이링, 쉬다

2)

후엔, 고향 음식을 먹다

3)

박민수, 집에 일찍 가다

2 여러분은 지금 뭐 하고 싶어요? 친구하고 이야기해 보세요.

지금 뭐 하고 싶어요?

저는 집에 가고 싶어요.

저는 고향 음식을 먹고 싶어요.

🔍 식당에 뭐가 있어요? 사람들이 뭐 해요?

동-으세요

다른 사람에게 무엇을 하라고 시킬 때 사용해요.

여러분, 앉으세요.

네.

예문

• 가: 오늘 7시에 **전화하세요.**

  나: 네, 알겠습니다.

• 영화가 7시에 시작해요. **빨리 오세요.**

-으세요	• 앉다	→	앉으세요
	• 읽다	→	읽으세요
	★ 듣다	→	들으세요
-세요	• 가다	→	가세요
	• 보다	→	보세요

---

1 선생님이 수업 시간에 무슨 말을 많이 해요?

이야기하세요.

 보기

이야기하다

1)

공책에 쓰다

2)

책을 읽다

3)

잘 듣다

---

2 식당에서 음식을 주문해 보세요.

1)

중국집

2)

한식집

3)

일식집

4)

분식집

짜장면 하나 주세요.

네, 잠깐만 기다리세요.

1 잠시드 씨와 라흐만 씨가 식당에서 주문해요. 다음과 같이 이야기해 보세요.

1-7 EBOOK

잠시드: 저는 된장찌개를 먹고 싶어요. 라흐만 씨는요?

라흐만: 저는 김치찌개를 먹고 싶어요.

잠시드: 여기요, 김치찌개 하나, 된장찌개 하나 주세요.

1) 된장찌개 | 김치찌개   2) 삼계탕 | 비빔밥

2 여러분은 식당에서 뭘 먹고 싶어요? 친구와 이야기해 보세요.

뭘 먹고 싶어요?

글쎄요, 저는 ~

7-L.mp3

두 사람이 식당에서 음식을 주문해요. 잘 듣고 답해 보세요.

1) 두 사람은 어느 식당에 있어요?

☐ 한식집   ☐ 중국집   ☐ 분식집   ☐ 일식집

2) 안젤라 씨는 된장찌개를 먹고 싶어 해요? _____

3) 두 사람은 무엇을 주문해요? _____

1 다음은 식당의 메뉴판이에요. 잘 읽고 질문에 답해 보세요.

김밥마을

김밥	2,000원
치즈김밥	2,500원
라면	3,000원
순대	3,500원
떡볶이	3,000원
어묵	3,000원

복성루

짜장면	5,000원
쟁반 짜장면	8,000원
짬뽕	6,000원
볶음밥	6,500원
탕수육	12,000원
만두	5,500원

피자리아

콤비네이션 피자	16,000원
샐러드	9,500원
해물 스파게티	13,000원
크림 스파게티	13,000원
콜라	2,500원

SPECIAL MENU

런치 세트	19,000원

1) 김밥마을에 뭐가 있어요?

_____

2) 탕수육을 먹고 싶어요. 어느 식당에 가요?

_____

3) 여러분은 뭐 먹고 싶어요? 주문해 보세요.

_____

2 여러분은 어느 식당에 가고 싶어요? 뭐 먹고 싶어요? 써 보세요.

저는 _____ 을/를 좋아해요. 그리고 _____ 을/를 좋아해요.

오늘 _____ 고 싶어요. 그리고 _____ 고 싶어요.

한국의 식사 예절

한국의 식사 예절을 알아볼까요? 한국에서는 밥그릇, 국그릇을 들지 않아요. 그릇을 식탁 위에 놓고 음식을 먹어요. 그리고 숟가락과 젓가락으로 음식을 먹어요. 어른이 먼저 수저를 들어요. 그 후에 나이가 적은 사람, 아이들이 식사를 시작해요. 어른, 직장 상사와 술을 마실 때 고개를 돌리고 술을 마셔요.

1) 무엇으로 음식을 먹어요?
2) 어른, 직장 상사와 술을 마실 때 어떻게 해요?
3) 한국의 식사 예절은 여러분 고향의 식사 예절과 무엇이 달라요?

어른 먼저!

한국에서는 밥그릇, 국그릇을 들지 않아요.

발음

1. 다음을 듣고 따라 읽으세요.

1) 앉으세요[안즈세요]

2) 읽으세요[일그세요]

3) 먹고 싶어요[먹꼬 시퍼요]

2. 다음을 듣고 연습해 보세요.

1) 가: 이쪽으로 앉으세요.
   나: 감사합니다.

2) 가: 여러분, 책을 읽으세요.
   나: 네, 알겠습니다.

3) 가: 뭘 먹고 싶어요?
   나: 저는 김밥을 먹고 싶어요.

배운 어휘 확인

☐ 분식집	☐ 생선회	☐ 샐러드
☐ 김밥	☐ 초밥	☐ 기다리다
☐ 떡볶이	☐ 우동	☐ 반찬
☐ 순대	☐ 돈가스	☐ 숟가락
☐ 라면	☐ 중국집	☐ 젓가락
☐ 한식집	☐ 짜장면	☐ 그릇
☐ 삼계탕	☐ 짬뽕	☐ 주문하다
☐ 불고기	☐ 만두	☐ 메뉴
☐ 삼겹살	☐ 탕수육	☐ 이름을 쓰세요
☐ 김치찌개	☐ 이탈리아 식당	☐ 반찬 좀 더 주세요
☐ 비빔밥	☐ 피자	☐ 불고기 3인분 주세요
☐ 된장찌개	☐ 햄버거	☐ 물 좀 주세요
☐ 일식집	☐ 스파게티	

8

칫솔하고 치약을 삽니다

- 여기가 어디예요?
- 무엇이 있어요?

Q 사람과 물건의 수를 세는 말을 알아보세요.

Q 무엇이 얼마나 많이 있어요? 이야기해 보세요.

사람	물	커피	케이크	강아지	잡지	사진	노트북

학생이 몇 명 있어요?

학생이 다섯 명 있어요.

사람이나 물건을 나열할 때 사용해요.

주문하세요.

커피하고 케이크 주세요.

예문

• 가: 주스 한 병하고 녹차 세 잔 주세요.

  나: 네, 잠시만 기다려 주세요.

• 냉장고에 과일하고 채소가 있어요.

하고	• 빵, 우유	→	빵하고 우유
	• 커피, 케이크	→	커피하고 케이크

1 무엇을 몇 개 사요? 이야기해 보세요.

보기

무엇을 사요?

콜라 한 병하고 라면 두 개를 사요.

1)

사과   배

2)

주스   케이크

3)

공책   가위

2 여러분은 마트에서 무엇을 사고 싶어요? 이야기해 보세요.

🔍 가격을 어떻게 말해요?

천만	백만	십만	만	천	백	십	일		
				4	6	5	9	4,659	사천육백오십구 원
		7	3	4	6	5	9	734,659	칠십삼만 사천육백오십구 원
	1	7	3	4	6	5	9	1,734,659	백칠십삼만 사천육백오십구 원
2	1	7	3	4	6	5	9	21,734,659	이천백칠십삼만 사천육백오십구 원

얼마예요?

사천육백오십구만 원이에요.

🔍 다음 물건들은 얼마예요? 이야기해 보세요.

텔레비전이 얼마예요?

텔레비전이 오십이만 구천 원이에요.

동 형 -습니다, -습니까?

격식적인 상황에서 정중하게 설명하거나 질문할 때 사용해요.

이 텔레비전이 얼마입니까?

팔십이만 원입니다.

예문
- 가: 어느 컴퓨터가 좋습니까?

  나: 이 컴퓨터가 좋습니다. 그리고 쌉니다.

- 이 노트북이 큽니다. 그리고 가볍습니다.

○ -습니다, -습니까?
- 먹다 → 먹습니다, 먹습니까?
- 맛있다 → 맛있습니다, 맛있습니까?

○ -ㅂ니다, -ㅂ니까?
- 사다 → 삽니다, 삽니까?
- 비싸다 → 비쌉니다, 비쌉니까?
- ★ 살다 → 삽니다, 삽니까?
- ★ 팔다 → 팝니다, 팝니까?

Tip 명입니다, 명입니까?　책 → 책입니다, 책입니까?
시계 → 시계입니다, 시계입니까?

1 다음 물건에 대해 이야기해 보세요.

보기

이 청소기가 좋습니까?

얼마입니까?

좋다? O
얼마? 213,000원

네, 좋습니다.

이십일만 삼천 원입니다.

1)

빠르다? O
얼마? 798,500원

2)

비싸다? X
얼마? 150,000원

3)

무겁다? X
얼마? 1,239,000원

2 여러분은 마트에서 무엇을 삽니까? 얼마입니까? 이야기해 보세요.

1 라흐만 씨가 직원에게 물어보고 있어요. 다음과 같이 이야기해 보세요.

5개 = 5,000원

라흐만: **칫솔**이 어디에 있어요?

직　원: 저기에 있습니다.

라흐만: 이 **칫솔**은 얼마예요?

직　원: **다섯 개에 5,000원입니다.**

라흐만: 그럼 이거하고 봉투 하나 주세요.

1) 칫솔 ｜ 다섯 개, 5,000원　　　　2) 컵라면 ｜ 일곱 개, 7,350원

2 친구와 물건을 사는 대화를 해 보세요.

○이/가 얼마예요?

○개에 ○원이에요.

8-L.mp3

마트에서 후엔 씨가 직원과 이야기해요. 잘 듣고 답해 보세요.

1) 닭 한 마리에 얼마예요?

＿＿＿＿＿＿＿＿＿＿＿＿＿＿＿＿＿＿＿＿＿＿＿

2) 후엔 씨가 산 것을 골라 보세요.

❶ 　　❷ 　　❸

단어장

봉투

닭

닭고기

계란

1 다음 글을 읽고 질문에 답해 보세요.

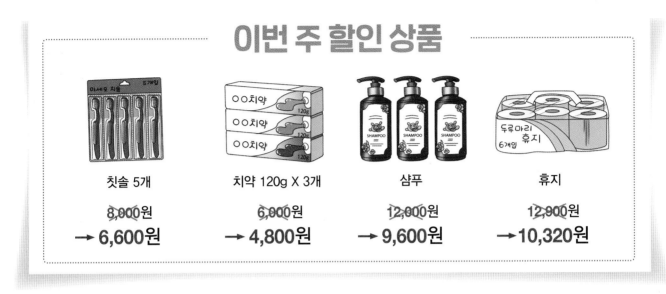

1) 맞으면 ○, 틀리면 X 하세요.

❶ 샴푸는 세 병에 9,900원입니다. ( )

❷ 치약은 할인을 합니다. ( )

❸ 휴지는 12,900원입니다. ( )

2 여러분은 어디에서 쇼핑을 합니까? 써 보세요.

1) 어디에서 쇼핑을 합니까? _____

2) 무엇을 삽니까? _____

3) 그것은 얼마입니까? _____

4) 모두 얼마입니까? _____

저는 _____ 에서 쇼핑을 합니다.

_____

_____

_____

단어장

할인

상품

한국의 화폐

한국의 화폐에는 지폐와 동전이 있어요. 지폐는 네 가지 종류가 있어요. 1,000원, 5,000원, 10,000원, 50,000원이에요. 동전도 네 가지가 있어요. 10원, 50원, 100원, 500원이에요. 그리고 현금 이외에 수표, 신용 카드가 있어요.

1) 한국의 지폐는 모두 몇 가지 있어요?

2) 한국의 동전 중에서 무엇이 가장 커요?

3) 한국의 10,000원은 여러분 나라 돈으로 얼마예요?

한국의 지폐

천 원

오천 원

만 원

오만 원

수표

한국의 동전

십 원

오십 원

백 원

오백 원

발음

1. 다음을 듣고 따라 읽으세요.

1) 칫솔[칟쏠]
2) 다섯 개[다섣 깨]
3) 닭[닥]
4) 닭고기[닥꼬기]

2. 다음을 듣고 연습해 보세요.

1) 가: 닭 한 마리에 얼마입니까?
   나: 육천오백 원입니다.
2) 가: 칫솔 다섯 개하고 봉투 하나 주세요.
   나: 네, 여기 있습니다.
3) 가: 닭고기를 좋아해요?
   나: 네, 닭고기를 자주 먹어요.

배운 어휘 확인

☐ 대	☐ 사진
☐ 잔	☐ 노트북
☐ 장	☐ 녹차
☐ 권	☐ 채소
☐ 마리	☐ 청소기
☐ 명	☐ 빠르다
☐ 개	☐ 봉투
☐ 조각	☐ 닭
☐ 병	☐ 닭고기
☐ 물	☐ 계란
☐ 커피	☐ 할인
☐ 강아지	☐ 상품
☐ 잡지	

9

지난 주말에 친구를 만났어요

- 이 사람들은 주말에 뭐 해요?
- 여러분은 주말에 뭐 해요?

🔍 주말에 뭐 해요? 이야기해 보세요.

집에서 쉬다

청소를 하다

빨래를 하다

축구를 하다

산에 가다

산책하다

친구를 만나다

아르바이트를 하다

한국어를 배우다

🔍 여러분은 주말에 뭐 해요? 이야기해 보세요.

주말에 뭐 해요?

한국어를 배워요.

과거에 일어난 일이나 과거의 상태를 말할 때 사용해요.

예문
- 가: 오늘 아침을 먹었어요?
  나: 아니요, 안 먹었어요.

- 저는 작년에 한국에 왔어요.

⊙ -았-	• 만나다	→	만났다
	• 보다	→	봤다
⊙ -었-	• 먹다	→	먹었다
	• 마시다	→	마셨다
⊙ -했-	• 일하다	→	일했다
	• 공부하다	→	공부했다

1 지난 주말에 뭐 했어요? 이야기해 보세요.

보기

지난 주말에 뭐 했어요?

시장에 갔어요.

시장에 가다

1)

일하다

2)

한국어 숙제를 하다

3)

식당에서 삼겹살을 먹다

2 여러분은 어제 뭐 했어요? 이야기해 보세요.

🔍 **사람들이 어디에서 뭐 해요? 이야기해 보세요.**

공원

자전거를 타다

공놀이를 하다

시장

과일을 사다

신발을 사다

백화점

쇼핑하다

저녁을 먹다

카페

이야기를 하다

차를 마시다

집

식사를 하다

텔레비전을 보다

회사

일하다

전화를 받다

🔍 **다음 장소에서 뭐 해요? 두 가지 이상 말해 보세요.**

1)

카페

2)

공원

3)

집

4)

백화점

어떤 것에 더 추가하여 말할 때 사용해요.

어제 저녁에 뭐 했어요?

한국어 숙제를 했어요.
드라마도 봤어요.

예문

• 가: 무슨 운동을 좋아해요?

  나: 저는 수영을 좋아해요.
  축구도 좋아해요.

• 어제 마트에서 포도를 샀어요.
  수박도 샀어요.

▶ 도		
• 운동	→	운동도
• 등산	→	등산도
• 요리	→	요리도
• 노래	→	노래도

1 사람들이 아까 뭐 했어요? 이야기해 보세요.

보기

아까 뭐 했어요?

책을 읽었어요.
음악도 들었어요.

책을 읽다   음악을 듣다

1)

차를 마시다

케이크를 먹다

2)

회사에서 일하다

전화를 받다

3)

친구를 만나다

영화를 보다

2 여러분은 지난 주말에 뭐 했어요? 두 가지 이상 이야기해 보세요.

1 잠시드 씨와 라흐만 씨가 이야기해요. 다음과 같이 이야기해 보세요.

1-9 EBOOK

잠시드: 라흐만 씨, 주말에 뭐 했어요?

라흐만: 주말에 친구 집에 갔어요.

잠시드: 거기에서 뭐 했어요?

라흐만: 고향 음식을 만들었어요. 영화도 봤어요.

1) 친구 집 | 고향 음식을 만들다, 영화를 보다
2) 집 근처 식당 | 친구들을 만나다, 한국 음식을 먹다

2 여러분은 지난 주말에 뭐 했어요? 이야기해 보세요.

주말에 어디에 갔어요?

거기에서 뭐 했어요?

9-L.mp3

이링 씨와 후엔 씨가 이야기해요. 잘 듣고 답해 보세요.

1) 주말에 후엔 씨 집에 누가 왔어요?

_____

2) 후엔 씨는 무엇을 먹었어요?

_____

1 다음 글을 읽고 질문에 답해 보세요.

　　저는 지난주 토요일에 친구와 함께 전주에 갔습니다. 우리는 점심에 비빔밥을 먹었습니다. 정말 맛있었습니다. 오후에 한옥 마을에 갔습니다. 우리는 한복을 입었습니다. 사진도 많이 찍었습니다. 우리는 아침부터 저녁까지 많이 걸었습니다. 그래서 다리가 아팠습니다. 그렇지만 정말 즐거웠습니다.

1) 이 사람은 토요일 오후에 어디에 갔어요? _____

2) 이 사람은 뭐 했어요? 모두 고르세요.

　❶ 등산을 했습니다.　　　　　　　❷ 사진을 찍었습니다.

　❸ 한복을 입었습니다.　　　　　　❹ 비빔밥을 먹었습니다.

3) 맞으면 ○, 틀리면 X 하세요.

　❶ 이 사람은 많이 걸었습니다.　　　(　　　)

　❷ 이 사람은 배가 아팠습니다.　　　(　　　)

2 여러분은 지난 주말에 뭐 했어요? 주말에 한 일을 써 보세요.

저는 지난 주말에 _____
_____
_____
_____

단어장	
전주	다리
한옥 마을	그렇지만
한복을 입다	즐겁다
걷다	

한국인의 주말 활동

한국 사람들은 주말에 쉬거나 취미를 즐겨요. 한국 사람들이 주말에 제일 많이 하는 일은 쉬면서 텔레비전을 보는 일이에요. 다음으로는 컴퓨터 게임이나 인터넷 검색을 해요. 그리고 영화나 연극을 보는 사람도 많아요. 어떤 사람들은 친구를 만나서 운동을 해요.

1) 한국 사람들이 주말에 제일 많이 하는 일은 뭐예요?
2) 한국 사람들은 주말에 누구와 운동을 해요?
3) 여러분은 주말에 뭐 해요?

9-P.mp3

1. 다음을 듣고 따라 읽으세요.

1) 만났어요[만나써요]

2) 재미있었어요[재미이써써요]

3) 샀어요[사써요]

2. 다음을 듣고 연습해 보세요.

1) 가: 주말에 뭐 했어요?
   나: 고향 친구를 만났어요.

2) 가: 어제 뭐 했어요?
   나: 드라마를 봤어요. 재미있었어요.

3) 가: 시장에서 뭘 샀어요?
   나: 포도를 샀어요. 수박도 샀어요.

배운 어휘 확인

☐ 집에서 쉬다	☐ 과일을 사다	☐ 전화를 받다
☐ 청소를 하다	☐ 신발을 사다	☐ 전주
☐ 빨래를 하다	☐ 백화점	☐ 한옥 마을
☐ 축구를 하다	☐ 쇼핑하다	☐ 한복을 입다
☐ 산에 가다	☐ 저녁을 먹다	☐ 걷다
☐ 산책하다	☐ 카페	☐ 다리
☐ 친구를 만나다	☐ 이야기를 하다	☐ 그렇지만
☐ 아르바이트를 하다	☐ 차를 마시다	☐ 즐겁다
☐ 한국어를 배우다	☐ 집	
☐ 공원	☐ 식사를 하다	
☐ 자전거를 타다	☐ 텔레비전을 보다	
☐ 공놀이를 하다	☐ 회사	
☐ 시장	☐ 일하다	

어휘

※ [1~5] 〈보기〉와 같이 (　　　)에 들어갈 알맞은 것을 고르세요.

─────────── 〈보기〉 ───────────

머리가 아픕니다. 그래서 (　　　)에 갑니다.

① 학교　　　　　　② 시장　　　　　❸ 약국　　　　　④ 공항

1.　카페에서 (　　　)을/를 마셔요.

　① 밥　　　　　　② 빵　　　　　　③ 커피　　　　　④ 케이크

2.　가: 사과가 얼마예요?
　　나: 두 (　　　)에 천 원이에요.

　① 병　　　　　　② 권　　　　　　③ 개　　　　　　④ 마리

3.　저는 비빔밥을 좋아해요. 그래서 (　　　)에 자주 가요.

　① 중국집　　　　② 한식집　　　　③ 일식집　　　　④ 이탈리아 식당

4.　시장에서 사과를 (　　　).

　① 가요　　　　　② 봐요　　　　　③ 사요　　　　　④ 해요

5.
| 오늘은 일이 많아요. 그래서 아주 (   ). |

① 고파요   ② 바빠요   ③ 아파요   ④ 예뻐요

※ [6~7] 〈보기〉와 같이 그림을 보고 질문에 답하세요.

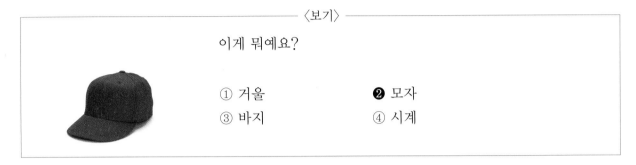

─── 〈보기〉 ───

이게 뭐예요?

① 거울   ❷ 모자
③ 바지   ④ 시계

6. 여기는 어디예요?

① 부엌   ② 욕실
③ 화장실   ④ 주차장

7. 몇 시예요?

① 다섯 시 오십이 분
② 다섯 시 이십오 분
③ 여섯 시 이십오 분
④ 여섯 시 오십이 분

※ [8~10] 〈보기〉와 같이 밑줄 친 부분과 의미가 반대인 것을 고르세요.

─── 〈보기〉 ───

가: 가방이 커요?

나: 아니요, 아주 (   ).

① 많아요   ② 없어요   ❸ 작아요   ④ 좋아요

8.

> 가: 집이 <u>멀어요</u>?
>
> 나: 아니요, (   ).

① 비싸요   ② 많아요   ③ 나빠요   ④ 가까워요

9.

> 가: 한국어 공부가 <u>어려워요</u>?
>
> 나: 아니요, (   ).

① 커요   ② 매워요   ③ 쉬워요   ④ 추워요

10.

> 가: 9시에 <u>출근해요</u>?
>
> 나: 네, 그리고 6시에 (   ).

① 요리해요   ② 청소해요   ③ 운동해요   ④ 퇴근해요

문법

※ [1~4] 〈보기〉와 같이 (   )에 들어갈 가장 알맞은 것을 고르세요.

─── 〈보기〉 ───

> 가: 오늘 뭐 해요?
>
> 나: 공원(   ) 운동을 해요.

① 을   ② 이   ❸ 에서   ④ 에

1.

> 가: 언제 친구를 만나요?
>
> 나: 주말(   ) 친구를 만나요.

① 이   ② 에   ③ 에게   ④ 에서

2.　가: 무슨 운동을 좋아해요?

　　나: 축구를 좋아해요. 야구(　　　　) 좋아해요.

① 가　　　　　　② 도　　　　　　③ 을　　　　　　④ 에

3.　가: 무엇을 사요?

　　나: 과일(　　　　) 야채를 사요.

① 을　　　　　　② 하고　　　　　③ 보다　　　　　④ 한테

4.　가: 아나이스 씨는 방글라데시 사람이에요?

　　나: 아니요, 아나이스 씨는 방글라데시 사람(　　　　) 아니에요. 프랑스 사람이에요.

① 이　　　　　　② 에　　　　　　③ 하고　　　　　④ 을

※ [5~9] 〈보기〉와 같이 (　　　　)에 들어갈 가장 알맞은 것을 고르세요.

――――――――――〈보기〉――――――――――

가: 어제 뭐 했어요?

나: 집에서 (　　　　　　　　)

① 공부해요　　② 공부하세요　　❸ 공부했어요　　④ 공부할 거예요

5.　가: 보통 주말에 뭐 해요?

　　나: 저는 보통 테니스를 (　　　　　　　).

① 쳐요　　　　　② 쳤어요　　　　③ 치세요　　　　④ 칠 거예요

6.　가: 이 식당은 뭐가 맛있어요?

　　나: 불고기가 맛있어요. 불고기 (　　　　　　　).

① 드세요　　　　② 드십니다　　　③ 드셨어요　　　④ 드실 거예요

7.

| 가: 방에 컴퓨터가 ( )? |
| 나: 네, 있습니다. |

① 삽니다　　　　② 십니까　　　　③ 있습니까　　　　④ 있습니다

8.

| 가: 영화가 몇 시에 시작해요? |
| 나: 6시에 시작해요. 빨리 ( ). |

① 오세요　　　　② 옵니다　　　　③ 올 거예요　　　　④ 오고 싶어요

9.

| 가: 지난 일요일에 뭐 했어요? |
| 나: 저는 사진을 ( ). |

① 찍으세요　　　　② 찍었어요　　　　③ 찍으십니다　　　　④ 찍습니까?

※ [10~13] ⟨보기⟩와 같이 밑줄 친 부분이 틀린 것을 고르세요.

⟨보기⟩

① 편의점에 가요.　　　　② 친구하고 전화해요.
❸ 저는 한국 음악을 들어요.　　　　④ 문화 센터에서 기타를 배워요.

10. ① 오늘은 안 더워요.
　② 월요일에 안 일해요.
　③ 이 신발은 안 비싸요.
　④ 저는 돼지고기를 안 먹어요.

11. ① 좀 앉고 싶어요.
　② 저는 돈이 많고 싶어요.
　③ 스파게티를 먹고 싶어요.
　④ 오늘은 빨리 잠을 자고 싶어요.

12. ① 공책에 <u>쓰세요</u>.

② 책을 <u>읽으세요</u>.

③ 고향 음식을 <u>만들으세요</u>.

④ 옆 학생하고 <u>이야기하세요</u>.

13. ① 텔레비전을 <u>봅니다</u>.

② 노트북을 <u>팝습니다</u>.

③ 5번 버스를 <u>기다립니다</u>.

④ 어제 자전거를 <u>탔습니다</u>.

읽기

※ [1~3] 다음의 내용과 같은 것을 고르세요.

1.
> 지금 교실에 학생들이 있어요. 후엔, 안젤라, 라흐만이 있어요. 잠시드는 오늘 학교에 안 왔어요. 후엔은 숙제를 해요. 안젤라는 전화를 해요. 라흐만은 빵을 먹어요.

① 후엔은 집에서 숙제를 했어요.

② 지금 교실에 학생이 세 명 있어요.

③ 잠시드는 우리 반 학생이 아니에요.

④ 안젤라는 라흐만하고 이야기를 해요.

2.
> 저는 기숙사에서 살아요. 제 방은 3층에 있어요. 방에는 책상하고 침대가 있어요. 그런데 세탁기가 없어요. 세탁기는 5층 세탁실에 있어요. 식당은 1층에 있어요.

① 오 층에서 빨래해요.

② 이 층에서 식사해요.

③ 기숙사에 세탁기가 없어요.

④ 제 기숙사 방은 사 층이에요.

3.
어제 친구하고 시장에 갔어요. 시장에 사람도 많고 물건도 많았어요. 친구는 아이 옷을 샀어요. 저는 가방을 샀어요. 우리는 점심을 먹었어요. 그리고 집에 왔어요. 아주 재미있었어요.

① 친구는 가방을 샀어요.

② 시장에 사람이 많이 없었어요.

③ 친구하고 같이 점심 식사를 했어요.

④ 저와 아이는 쇼핑이 재미있었어요.

※ [4~6] 다음 (　　　　) 안에 알맞은 것을 고르세요.

4.
가: 저는 한국 사람이에요. 고천 씨는 중국 사람이에요?

나: 네, 중국 사람이에요.

가: (　　　　　　　　)

① 감사합니다.　　　　　　　　② 이름이 뭐예요?

③ 만나서 반가워요.　　　　　　④ 어느 나라 사람이에요?

5.
가: 이링 씨 전화번호 알아요?

나: 네, 알아요.

가: 전화번호가 (　　　　　　　)?

나: 010-875-9063이에요.

① 뭐 해요　　　　　　　　　② 어디예요

③ 몇 번이에요　　　　　　　④ 무슨 요일이에요

6.
가: 후엔 씨, 주말에 뭐 해요?

나: 가족들을 만나요. 고천 씨는 뭐 해요?

가: (　　　　　　　　).

나: 잘 다녀오세요.

① 집에서 쉬어요　　　　　　② 부산에 가요

③ 텔레비전을 봐요　　　　　④ 한국어를 공부해요

※ [7~8] 다음을 읽고 물음에 답하세요.

오늘 우리 반 친구들하고 같이 점심을 먹었습니다. 학교 앞 식당에 갔습니다. 우리 반 친구들은 모두 한국 음식을 좋아합니다. 이링 씨와 안젤라 씨는 불고기를 주문했습니다. 히에우 씨는 냉면을 주문했습니다. 저는 김치를 좋아합니다. (㉠) 김치찌개를 주문했습니다. 음식이 정말 맛있었습니다.

7. ㉠에 알맞은 것을 고르세요.

① 그래서　　　　② 그런데　　　　③ 그리고　　　　④ 하지만

8. 윗글의 내용과 다른 것을 고르세요

① 저는 김치찌개를 좋아합니다.

② 히에우 씨는 불고기를 먹었습니다.

③ 학교 앞 식당에서 점심을 먹었습니다.

④ 우리는 모두 한국 음식을 주문했습니다.

※ [9~10] 다음을 읽고 물음에 답하세요.

저는 보통 여섯 시 반에 일어납니다. 그런데 주말에는 여덟 시에 일어납니다. 토요일 여덟 시부터 열 시까지 청소를 합니다. 빨래도 합니다. 그리고 오후에 문화 센터에 갑니다. 문화 센터에서 두 시부터 세 시까지 기타를 배웁니다.
(㉠)에는 집에서 쉽니다. 집에서 책을 읽습니다. 텔레비전도 봅니다. 밤에 가족들하고 전화를 합니다. 그리고 월요일 출근 준비를 합니다.

9. ㉠에 들어갈 알맞은 말을 고르세요.

① 금요일　　　　② 목요일　　　　③ 일요일　　　　④ 화요일

10. 윗글의 내용과 같은 것을 고르세요.

① 주말에 열 시까지 잡니다.

② 주말에 기타를 가르칩니다.

③ 주말에 문화 센터에 다닙니다.

④ 주말에 도서관에서 책을 읽습니다.

※ [1~2] 다음 그림을 보고 대화문을 만들어 옆 사람과 대화해 보세요.

1. 마트에서 손님과 직원

- 무엇을 사려고 해요?
- 물건이 어디에 있어요?
- 얼마예요?

가: 손님   나: 직원

가: 샴푸가 어디에 _____

나: _____

가: _____

나: _____

가: _____

나: _____

2. 식당에서 나와 친구

- 무엇을 먹고 싶어요?
- 친구는 무엇을 먹고 싶어요?
- 어떻게 주문해요?

가: 나, 수지   나: 친구, 민정

가: 저는 _____.

  민정 씨는 _____?

나: _____

가: _____

나: _____

가: _____

쓰기

※ [1~2] 다음 대화문에 알맞은 말을 쓰세요.

1.
> 가: 여보세요? 주말에 마트가 문을 열어요?
>
> 나: 아니요, 주말에는 마트가 _____.
>
> 가: 네, 감사합니다.

2.
> 가: 생일이 _____?
>
> 나: 1월 17일이에요.
>
> 가: 그럼 오늘이 생일이에요? 생일 축하합니다.

3. 다음 내용을 포함하여 '나의 하루'라는 제목으로 글을 쓰세요.

> • 오늘 무엇을 했어요?
> • 어땠어요?
> • 내일은 무엇을 하고 싶어요?

10

아버지는
요리를 잘하세요

• 가족들이 지금 뭐 해요?

• 여러분 가족은 지금 어디에서 뭐 해요?

🔍 가족 호칭을 알아요? 이야기해 보세요.

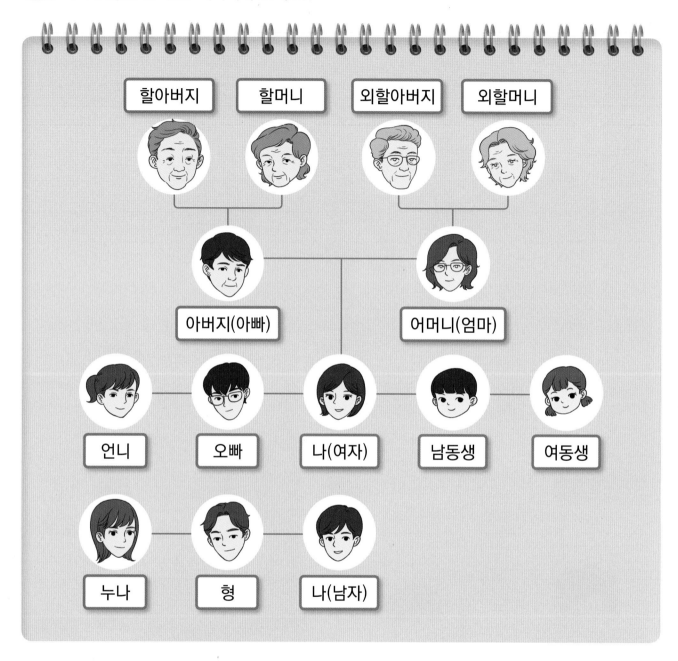

🔍 여러분의 가족은 몇 명이에요? 누가 있어요?

가족이 몇 명이에요?

언니가 있어요?

네 명이에요.

네, 한 명 있어요.

주어의 행위나 상태를 높여 말할 때 사용해요.

할머니가 지금 뭐 하세요?

책을 읽으세요.

예문
• 가: 할아버지가 뭐 하세요?

　나: 텔레비전을 보세요.

• 아버지는 요리사세요. 어머니는 선생님이세요.

-으시-	• 읽다	→	읽으시다
	• 작다	→	작으시다
	★ 듣다	→	들으시다
-시-	• 가다	→	가시다
	• 크다	→	크시다

1 이분은 누구세요? 뭐 하세요?

보기

정아라 선생님은 지금 뭐 하세요?

선생님은 지금 한국어를 가르치세요.

정아라 선생님, 한국어를 가르치다

1)

어머니, 시장에 가다

2)

아버지, 요리하다

3)

할머니, 음악을 듣다

2 여러분 가족은 지금 뭐 하세요? 이야기해 보세요.

🔍 **높임말을 알아보세요.**

높임말
이름 → **성함**
나이 → **연세**
생일 → **생신**
사람/명 → **분**
있다 → **계시다**
먹다, 마시다 → **드시다, 잡수시다**
자다 → **주무시다**
죽다 → **돌아가시다**
말하다 → **말씀하시다**

이분은 정아라 선생님이세요.
정아라 선생님은 한국어를 가르치세요.
선생님이 빵을 드세요.

할머니가 방에 계세요.
할머니가 주무세요.

오늘은 할아버지 생신이에요.

할아버지 연세가 어떻게 되세요?

할아버지 성함이 어떻게 되세요?

앞의 내용과 반대되는 뒤의 내용을 연결해서 말할 때 사용해요.

한국어 공부가 어때요?

한국어가 **어렵지만** 재미있어요.

예문
- 가: 라민 씨, 주말에도 수업이 있어요?

  나: 아니요, 평일에는 수업이 **있지만** 주말에는 없어요.

- 오빠는 **회사원이지만** 저는 학생이에요.

-지만		
• 먹다	→	**먹지만**
• 작다	→	**작지만**
• 가다	→	**가지만**
• 크다	→	**크지만**

Tip 명사는 '명이지만, 명지만'을 사용해요.

1 두 사람은 무엇이 달라요? 이야기해 보세요.

보기

안젤라는 머리가 길지만 언니는 머리가 짧아요.

안젤라, 머리가 길다 | 언니, 머리가 짧다

1)

민호, 운동을 좋아하다
형, 운동을 안 좋아하다

2)

이링, 키가 작다
남동생, 키가 크다

3)

아버지, 안경을 썼다
어머니, 안경을 안 썼다

2 여러분의 가족은 무엇이 달라요? 이야기해 보세요.

1 이링 씨와 히에우 씨가 이야기하고 있어요. 다음과 같이 이야기해 보세요.

이 링: 히에우 씨는 가족이 몇 명이에요?

히에우: 다섯 명이에요. 할아버지, 아버지, 어머니, 누나가 있어요.

이 링: 할아버지는 연세가 많으세요?

히에우: 네, 연세가 많으시지만 아주 건강하세요. 이링 씨는 가족이 어떻게 되세요?

이 링: 우리 가족은 부모님과 언니가 있어요.

1) 다섯 명, 할아버지, 아버지, 어머니, 누나 | 할아버지 | 부모님, 언니
2) 네 명, 아버지, 어머니, 형 | 아버지 | 할머니, 아버지, 어머니, 동생

2 여러분의 가족을 소개해 보세요.

가족이 몇 명이에요?

다섯 명이에요. 할아버지, 아버지, 어머니, 여동생이 있어요.

10-L.mp3

제이슨 씨가 가족을 소개하고 있어요. 잘 듣고 답해 보세요.

1) 제이슨 씨 부모님은 어디에 계세요?

_____

2) 제이슨 씨 어머니는 지금 뭐 하세요?

_____

1 다음 글을 읽고 질문에 답해 보세요.

우리 가족사진입니다.

할머니, 부모님과 남동생, 저입니다.

아버지는 요리사십니다. 그래서 음식을 잘 만드십니다.

어머니는 선생님이십니다. 남동생은 고등학생입니다.

동생은 안경을 썼지만 저는 안경을 안 썼습니다.

할머니께서는 연세가 많으십니다.

오늘은 할머니 생신입니다.

그래서 할머니가 많이 보고 싶습니다.

1) 이 사람의 가족은 모두 몇 명이에요? ....

2) 맞으면 ○, 틀리면 ✕ 하세요.

　❶ 아버지는 요리를 잘하십니다.　　　　(　　)

　❷ 동생은 안경을 안 썼습니다.　　　　(　　)

3) 이 사람은 오늘 왜 할머니가 보고 싶어요?

_____

2 여러분의 가족을 소개해 보세요.
가족이 몇 명이에요? 부모님은 어디에 계세요? 무엇을 좋아하세요?

단어장

부모님

고등학생

가족 호칭

여러분은 가족을 어떻게 부릅니까? 한국 사람들은 나보다 아랫사람은 이름을 부릅니다. 나보다 윗사람은 이름을 부르지 않습니다. '할머니', '형'처럼 가족 호칭을 부릅니다. 가족이 아니지만 가족처럼 친한 사람을 부를 때 '오빠', '형', '누나', '언니'라고 부르기도 합니다.

1) 한국에서는 아랫사람을 어떻게 불러요?
2) 한국에서는 윗사람을 어떻게 불러요?
3) 여러분 고향에서는 가족을 어떻게 불러요?

언니~

발음

1. 다음을 듣고 따라 읽으세요.

1) 들으세요[드르세요]
2) 어떻게[어떠케]
3) 생신이에요[생시니에요]

2. 다음을 듣고 연습해 보세요.

1) 가: 할머니는 뭘 하세요?
   나: 음악을 들으세요.
2) 가: 할아버지는 연세가 어떻게 되세요?
   나: 일흔둘이세요.
3) 내일이 할머니 생신이에요.

배운 어휘 확인

- [ ] 할머니
- [ ] 할아버지
- [ ] 외할머니
- [ ] 외할아버지
- [ ] 어머니(엄마)
- [ ] 아버지(아빠)
- [ ] 언니
- [ ] 오빠
- [ ] 나
- [ ] 여동생
- [ ] 남동생
- [ ] 누나
- [ ] 형

- [ ] 높임말
- [ ] 성함
- [ ] 연세
- [ ] 생신
- [ ] 분
- [ ] 계시다
- [ ] 드시다/잡수시다
- [ ] 주무시다
- [ ] 돌아가시다
- [ ] 말씀하시다
- [ ] 부모님
- [ ] 고등학생

11

어버이날에 부모님께 꽃을 드려요

- 이 사람들은 지금 뭐 해요?
- 여러분은 언제 선물을 해요?

Q 가족이나 친구를 축하하고 싶어요. 뭐 해요?

주다

보내다

받다

초대를 하다　초대를 받다

선물을 하다　선물을 받다

이야기를 하다　이야기를 듣다

전화를 하다　전화를 받다

Q 친구 생일이에요. 여러분은 뭐 해요? 이야기해 보세요.

친구 생일에 뭐 해요?

선물을 줘요.

명 에게/한테/께

행위의 영향을 받는 대상임을 나타낼 때 사용해요.

안젤라 씨, 누구에게 전화를 했어요?

동생에게 전화를 했어요.

예문
- 가: 아버지께 생신 선물 보냈어요?

  나: 네, 옷을 보냈어요.

- 고향 친구한테 이메일을 썼어요.

에게/한테	• 동생	→	동생에게/동생한테
	• 친구	→	친구에게/친구한테
께	• 선생님	→	선생님께
	• 할머니	→	할머니께

1 이 사람은 누구에게 뭐 해요? 이야기해 보세요.

슬기가 누구에게 초대장을 줘요?

보기

친구에게 초대장을 줘요.

[슬기 / 친구] [초대장을 주다]

1)

[이링 / 동생] [이메일을 보내다]

2)

[라흐만 / 사장님] [전화를 하다]

3)

[성민 / 어머니] [선물을 드리다]

2 여러분은 누구에게 자주 전화해요? 이야기해 보세요.

🔍 무슨 날이에요? 뭐라고 말해요?

어버이날 · 부모님, 감사합니다.

스승의 날 · 선생님, 감사합니다.

졸업식 · 졸업을 축하해요.

결혼식 · 결혼을 축하드립니다.

생일/생신 · 생일을 축하해요.

· 생신을 축하드립니다.

🔍 특별한 날이에요. 뭐라고 말해요?

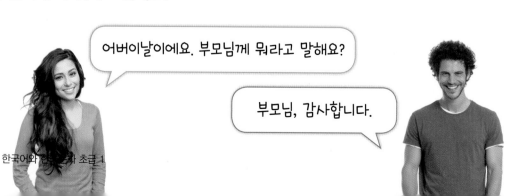

어버이날이에요. 부모님께 뭐라고 말해요?

부모님, 감사합니다.

다른 사람을 위해서 어떤 행동을 할 때 사용해요.

딸에게 책을 읽어 줘요.

예문

• 가: 잠시드 씨, 창문을 좀 닫아 주세요.

나: 네, 알겠습니다.

• 오늘은 친구 생일이에요. 그래서 축하해 주었어요.

-아 주다	• 닫다	→	닫아 주다
	• 사다	→	사 주다
-어 주다	• 만들다	→	만들어 주다
	• 쓰다	→	써 주다
-해 주다	• 축하하다	→	축하해 주다

1 후엔 씨의 생일이에요. 다음 사람들은 후엔 씨에게 뭘 해 줘요? 이야기해 보세요.

보기

박민수

생일 선물을 사다

민수 씨는 뭘 해 줘요?

생일 선물을 사 줘요.

케이크를 만들다 이링

고천 카드를 쓰다

안젤라 생일 축하 노래를 부르다

2 여러분은 부모님 생신에 뭘 해 드려요? 이야기해 보세요.

1 고천 씨와 후엔 씨가 이야기해요. 다음과 같이 이야기해 보세요.

1-11 EBOOK

고천: 후엔 씨, 주말 잘 보냈어요? 후엔 씨는 지난주에 뭐 했어요?

후엔: 슬기 생일이었어요. 그래서 슬기에게 책을 사 주었어요. 고천 씨는요?

고천: 지난 주말이 중국의 어머니날이었어요. 그래서 어머니께 선물을 보내 드렸어요.

1) 슬기 생일 | 슬기, 책을 사다 | 중국의 어머니날 | 어머니, 선물을 보내다
2) 친구 결혼식 | 친구, 축하 노래를 부르다 | 아버지 생신 | 아버지, 케이크를 만들다

2 여러분 나라의 특별한 날은 언제예요? 그날 뭐 해요? 이야기해 보세요.

베트남은 여성의 날에 여자에게 꽃을 선물해 줘요.

한국은 어린이날에 아이에게 선물을 사 줘요.

11-L.mp3

안젤라 씨와 드미트리 씨가 이야기해요. 잘 듣고 답해 보세요.

1) 오늘은 무슨 날이에요?

_____

2) 드미트리 씨에게 누가, 무엇을 줬어요?

_____

단어장

여성의 날
어린이날

1 다음 글을 읽고 질문에 답해 보세요.

어제는 제 졸업식이었습니다.
친구들이 축하해 주었습니다.
어머니는 저에게 꽃하고 시계를 선물해 주셨습니다.
그리고 동생은 사진을 찍어 주었습니다.
졸업식 후에 우리 가족은 한국 식당에 갔습니다.
아버지께서 불고기를 사 주셨습니다.
불고기가 정말 맛있었습니다.
저는 기분이 아주 좋았습니다.

1) 어제는 무슨 날이었어요? _____

2) 누가 무엇을 해 주었어요? 알맞은 것을 연결하세요.

❶ 　　　　　　　　　　• 아버지

❷ 　　　　　　　　　　• 동생

❸ 　　　　　　　　　　• 어머니

3) 이 사람은 어제 기분이 어땠어요? _____

2 여러분은 특별한 날(생일, 졸업식, 어버이날 등)을 어떻게 보냈어요? 글로 써 보세요.

단어장

기분이 좋다

한국의 국경일

한국에는 모두 5일의 국경일이 있습니다. 3월 1일은 3·1절입니다. 한국 사람들은 1919년 3월 1일에 독립운동을 했습니다. 7월 17일은 제헌절입니다. 1948년 7월 17일에 헌법을 공포했습니다. 8월 15일은 광복절입니다. 한국은 1945년 8월 15일에 나라를 다시 찾았습니다. 10월 3일은 개천절입니다. 기원전(B.C.) 2333년에 한국 최초의 국가, 고조선을 세웠습니다. 10월 9일은 한글날입니다. 한글은 세종대왕이 만들었습니다.

1) 광복절은 언제예요?
2) 10월 9일은 무슨 날이에요?
3) 여러분 나라의 국경일은 언제예요?

10월 9일
한글날

10월 3일
개천절

발음

1. 다음을 듣고 따라 읽으세요.

   1) 만들어요[만드러요]

   2) 축하해요[추카해요]

   3) 어버이날이에요[어버이나리에요]

2. 다음을 듣고 연습해 보세요.

   1) 가: 아내 생일에 뭐 해 줘요?
      나: 케이크를 만들어 줘요.

   2) 가: 생일을 축하해요.
      나: 네, 고마워요.

   3) 다음 주 수요일이 어버이날이에요.

배운 어휘 확인

☐ 주다

☐ 보내다

☐ 받다

☐ 선물

☐ 초대

☐ 초대장

☐ 어버이날

☐ 스승의 날

☐ 졸업식

☐ 결혼식

☐ 축하하다

☐ 카드를 쓰다

☐ 노래를 부르다

☐ 케이크

☐ 여성의 날

☐ 어린이날

☐ 기분이 좋다

12

이번 휴가에
뭐 할 거예요?

- 이 사람들은 휴가에 무슨 계획이 있어요?
- 여러분은 휴가에 무슨 계획이 있어요?

🔍 휴일에 뭐 해요? 이야기해 보세요.

공원에서 농구를 하다

컴퓨터 게임을 하다

여행을 가다

가족하고 외식하다

아이하고 놀이공원에 가다

한국어를 열심히 공부하다

한국 요리를 배우다

낮잠을 자다

친구 집에 놀러 가다

🔍 여러분은 휴일에 뭐 해요? 친구하고 이야기해 보세요.

휴일에 뭐 해요?

저는 아이하고 놀이공원에 가요.

미래의 일이나 계획을 말할 때 사용해요.

이번 휴일에 뭐 할 거예요?

놀이공원에 갈 거예요.

예문
- 가: 저녁에 뭐 먹을 거예요?
  나: 김치찌개를 먹을 거예요.

- 제이슨 씨는 방학에 태권도를 배울 거예요.

○ -을 거예요	· 먹다	→ 먹을 거예요
	· 입다	→ 입을 거예요
	★ 듣다	→ 들을 거예요
○ -ㄹ 거예요	· 가다	→ 갈 거예요
	· 보다	→ 볼 거예요
	★ 만들다	→ 만들 거예요

1 후엔 씨는 다음 주에 무엇을 할 거예요? 이야기해 보세요.

다음 주 목요일에 뭐 할 거예요?

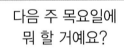

목요일

한국 음식을 만들다

문화 센터에서 한국 음식을 만들 거예요.

1)

금요일

친구 집에 놀러 가다

2)

토요일

가족하고 외식하다

3)

일요일

마트에서 장을 보다

2 여러분은 다음 주에 뭐 할 거예요? 이야기해 보세요.

🔍 휴가 때 어디에 갈 거예요? 거기에서 뭐 할 거예요? 이야기해 보세요.

바다	수영을 하다	배를 타다	(바다) 낚시를 하다
산	등산을 하다	캠핑을 하다	꽃구경을 하다
놀이공원	동물을 구경하다	놀이 기구를 타다	불꽃놀이를 보다
고향	고향 친구들을 만나다	부모님을 만나다	고향 음식을 먹다

🔍 여러분은 휴가 때 어디에 갈 거예요? 거기에서 뭐 할 거예요?

> 휴가 때 어디에 갈 거예요?
> 거기에서 뭐 할 거예요?

> 휴가 때 바다에 갈 거예요.
> 바다에서 수영을 할 거예요.

두 가지 이상의 일을 연결해서 말할 때 사용해요.

안젤라 씨, 이번 휴가에 뭐 할 거예요?

산에서 등산도 하고 캠핑도 할 거예요.

예문

· 가: 주말에 보통 뭐 해요?

나: 저는 장도 보고 운동도 해요.

· 가: 한국어 공부는 어때요?

나: 한국어 공부는 쉽고 재미있습니다.

-고		
· 먹다	→	먹고
· 맛있다	→	맛있고
· 가다	→	가고
· 크다	→	크고

1 휴가 때 뭐 할 거예요? 이야기해 보세요.

보기

휴가 때 뭐 할 거예요?

저는 낮잠도 자고 텔레비전도 볼 거예요.

집에서 낮잠을 자다   텔레비전을 보다

1)

공원에서 사진을 찍다   꽃구경을 하다

2)

시험 D-7

운동을 하다   한국어를 열심히 공부하다

3)

부모님을 만나다   고향 음식을 먹다

2 여러분은 휴가 때 뭐 할 거예요? 두 가지 이상 이야기해 보세요.

1 고천 씨와 라흐만 씨가 휴가 계획을 이야기해요. 다음과 같이 이야기해 보세요.

고　천: 이번 휴가에 뭐 할 거예요?

라흐만: 부산에 여행을 갈 거예요.

고　천: 그래요? 거기에서 뭐 할 거예요?

라흐만: 바다에서 수영도 하고 사진도 찍을 거예요.

1) 부산에 여행을 가다 ｜ 바다에서 수영을 하다, 사진을 찍다

2) 강원도에 가다 ｜ 등산을 하다, 캠핑장에서 캠핑을 하다

2 여러분은 휴가에 뭐 할 거예요? 어디에 갈 거예요? 이야기해 보세요.

제이슨 씨와 라민 씨가 이야기해요. 잘 듣고 답해 보세요.

1) 라민 씨의 방학 계획이에요. 맞으면 ○, 틀리면 X 하세요.

❶ 한국어 말하기를 연습해요.　　　　　(　　)

❷ 고향 친구를 만나요.　　　　　　　　(　　)

2) 제이슨 씨는 방학에 무엇을 배울 거예요?

❶ 한국말　　　　　　　　❷ 한국 춤

❸ 한국 노래　　　　　　　❹ 한국 요리

1 다음 글을 읽고 질문에 답해 보세요.

> 　제 고향은 베트남 하노이입니다. 하노이에 부모님하고 오빠, 언니가 있습니다. 저는 다음 주에 하노이에 갈 겁니다. 그래서 부모님 선물을 샀습니다. 인삼차와 화장품을 샀습니다. 고향에서 친척들도 만나고 고향 친구들도 만날 겁니다. 빨리 하노이에 가고 싶습니다.

1) 후엔 씨는 베트남 가족에게 무엇을 줄 거예요? _____

2) 후엔 씨는 휴가 때 하노이에서 무엇을 할 거예요? _____

> 　저는 작년에 한국에 왔습니다. 지금 안산에서 일합니다. 주말에는 한국어도 배웁니다. 다음 달에 제 고향 친구가 한국에 올 겁니다. 저는 친구와 같이 여행도 하고 한국 음식도 먹을 겁니다. 빨리 친구를 만나고 싶습니다.

1) 잠시드 씨는 주말에 뭐 해요?

❶ 일해요 　　❷ 여행을 가요 　　❸ 한국어를 배워요 　　❹ 한국 친구를 만나요

2) 잠시드 씨는 고향 친구하고 한국에서 무엇을 할 거예요?

_____

2 여러분의 휴가(방학) 계획을 써 보세요.

_____부터 _____까지 휴가(방학)입니다. 저는 휴가(방학)에 _____
_____
_____
_____ .

단어장

인삼차
화장품
친척
빨리
안산

한국의 인기 여행지

여러분은 한국에서 어디에 가 봤습니까? 제주도는 자연 경치가 아름답습니다. 부산은 바다가 아름답습니다. 한국의 전통과 역사를 알고 싶습니까? 그러면 전주와 경주에 가세요. 전주에는 한옥 마을이 있고 경주에는 불국사가 있습니다. 그리고 사람들은 서울에서 많이 여행합니다. 남산 서울 타워와 한강 공원, 경복궁에 많이 갑니다.

1) 한국의 인기 여행지는 어디예요?
2) 사람들은 서울에서 어디에 가요?
3) 여러분은 한국에서 어디에 가고 싶어요?

남산 서울 타워

불국사

한옥 마을

12-P.mp3

발음

1. 다음을 듣고 따라 읽으세요.

1) 쉴 거예요[쉴 꺼예요]
2) 마실 거예요[마실 꺼예요]
3) 갈 거예요[갈 꺼예요]

2. 다음을 듣고 연습해 보세요.

1) 가: 주말에 뭐 할 거예요?
   나: 집에서 쉴 거예요.
2) 가: 뭐 마실 거예요?
   나: 저는 오렌지 주스를 마실 거예요.
3) 가: 금요일에 친구 집에 갈 거예요?
   나: 아니요, 토요일에 갈 거예요.

배운 어휘 확인

☐ 휴일
☐ 공원에서 농구를 하다
☐ 컴퓨터 게임을 하다
☐ 여행을 가다
☐ 가족하고 외식하다
☐ 아이하고 놀이공원에 가다
☐ 한국어를 열심히 공부하다
☐ 한국 요리를 배우다
☐ 낮잠을 자다
☐ 친구 집에 놀러 가다
☐ 문화 센터
☐ 휴가
☐ 수영을 하다
☐ 배를 타다
☐ (바다) 낚시를 하다
☐ 등산을 하다

☐ 캠핑을 하다
☐ 꽃구경을 하다
☐ 동물을 구경하다
☐ 놀이 기구를 타다
☐ 불꽃놀이를 보다
☐ 고향 친구들을 만나다
☐ 부모님을 만나다
☐ 고향 음식을 먹다
☐ 인삼차
☐ 화장품
☐ 친척
☐ 빨리
☐ 안산

제주도

13

버스로 공항에 가요

- 이 사람은 어디에 가요? 무엇을 탔어요?
- 여러분은 오늘 어디에 가요? 어떻게 가요?

🔍 여러분은 무엇을 타요?

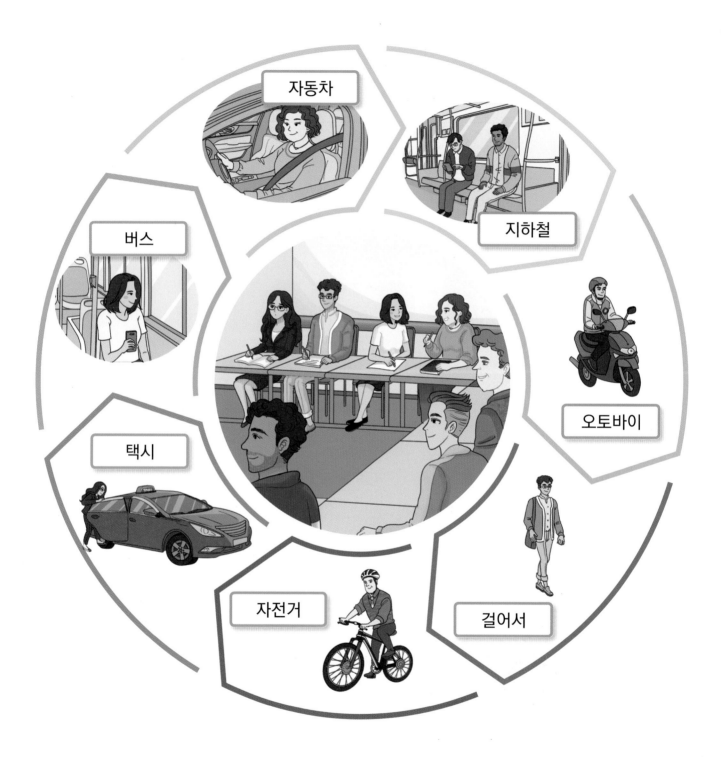

🔍 여러분은 무엇을 자주 타요? 이야기해 보세요.

이동의 교통수단을 말할 때 사용해요.

버스로 집에 가요?

아니요, 지하철로 가요.

예문
- 가: 라민 씨, 학교에 어떻게 와요?
  나: 자전거로 와요.
- 공항에 택시로 가요.

으로	• 여객선	→	**여객선으로**
로	• 비행기	→	**비행기로**
	• 버스	→	**버스로**
	★ 지하철	→	**지하철로**

1 어디에 어떻게 가요? 이야기해 보세요.

보기

공원에 어떻게 가요?

자전거로 가요.

공원　자전거

1)

학교　지하철

2)

서울　기차

3)
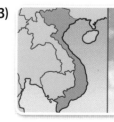

고향(베트남)　비행기

2 여러분은 오늘 어디에 가요? 거기에 어떻게 가요? 이야기해 보세요.

🔍 어디예요? 여기에서 무엇을 이용해요?

정류장 / 버스

공항 / 비행기

지하철역 / 지하철

기차역 / 기차

고속버스 터미널 / 고속버스

택시 타는 곳 / 택시

🔍 여러분은 무엇을 자주 이용해요? 이야기해 보세요.

동 -으러 가다/오다

이동의 목적을 나타낼 때 사용해요.

공원에 가요?

네, 자전거 타러 가요.

예문

• 가: 라흐만 씨, 한국에 왜 왔어요?

　나: 일하러 왔어요.

• 친구들과 식당에 점심을 먹으러 가요.

-으러 가다	• 받다	→	**받으러 가다**
	• 찾다	→	**찾으러 가다**
-러 가다	• 사다	→	**사러 가다**
	• 타다	→	**타러 가다**
	• 만들다	→	**만들러 가다**

1 다음 사람들은 어디에 가요? 거기에 왜 가요?

제이슨 씨가 어디에 가요?
거기에 왜 가요?

보기

버스 정류장에 가요.
버스를 타러 가요.

제이슨 / 버스 정류장 / 버스를 타다

1)

이링 / 교실 / 수업을 듣다

2)

안젤라 / 회사 / 일하다

3)

아나이스 / 도서관 / 책을 빌리다

2 여러분은 오늘 어디에 가요? 거기에 왜 가요? 이야기해 보세요.

말하기와 듣기

1 잠시드 씨와 보부르 씨가 이야기해요. 다음과 같이 이야기해 보세요.

1-13 EBOOK

보부르: 잠시드 씨, 어디에 가요?

잠시드: 은행에 가요.

보부르: 은행에 왜 가요?

잠시드: 환전하러 가요.

보부르: 그래요? 지하철로 가요?

잠시드: 아니요, 버스로 가요.

1) 은행 | 환전하다 | 버스   2) 우체국 | 소포를 보내다 | 자전거

2 여러분도 친구에게 오늘 어디에 가는지 물어보세요.

 오늘 어디에 가요?   거기에 어떻게 가요?

13-L.mp3

안젤라 씨가 라민 씨와 이야기해요. 잘 듣고 답해 보세요.

1) 안젤라 씨는 공항에 왜 가요?

_____

2) 안젤라 씨는 공항에 어떻게 가요?

_____

단어장

환전하다

소포

1 다음 글을 읽고 질문에 답해 보세요.

　지난 주말에 아들 유진하고 남산에 갔습니다. 우리는 남산 근처까지 지하철로 갔습니다. 그리고 걸어서 남산으로 올라갔습니다. 조금 힘들었지만 기분은 좋았습니다. 우리는 산책도 하고 사진도 찍었습니다. 그리고 남산 서울 타워 전망대에도 올라갔습니다. 유진은 케이블카를 타고 싶어 했습니다. 그래서 다음에 케이블카를 타러 남산에 다시 갈 겁니다.

1) 이 사람은 지난 주말에 누구와 어디에 갔어요?

_____

2) 맞으면 ○, 틀리면 ✕ 하세요.

❶ 두 사람은 남산까지 버스로 갔습니다. 　　　　　(　　)

❷ 두 사람은 케이블카를 타러 갔습니다. 　　　　　(　　)

❸ 두 사람은 남산 서울 타워 전망대에 올라갔습니다. (　　)

❹ 두 사람은 다시 남산에 갈 겁니다. 　　　　　　(　　)

2 여러분은 주말에 무엇을 하러 어디에 갔어요? 거기까지 어떻게 갔어요? 글로 써 보세요.

_____
_____
_____
_____
_____
_____
_____ .

단어장

남산
힘들다
전망대
케이블카

한국의 대중교통 수단

한국에는 대중교통 수단이 많습니다. 시내버스, 광역 버스/
시외버스, 지하철, 택시, 고속버스, 기차가 있습니다. 사람들이
도시 안에서 이동할 때에는 시내버스, 지하철, 택시를 탑니다.
도시 밖으로 나갈 때에는 지하철을 타거나 광역 버스/
시외버스를 탑니다. 먼 곳에 갈 때에는 기차나 고속버스를
탑니다. 한국에는 교통 카드가 있어서 버스, 지하철, 택시를 탈
때 편리합니다.

1) 한국의 대중교통 수단은 무엇이 있어요?
2) 한국 사람들이 먼 곳에 갈 때 무엇을 타요?
3) 여러분은 주로 무엇을 타요?

발음

1. 다음을 듣고 따라 읽으세요.

1) 어떻게[어떠케]

2) 버스 정류장[버스 정뉴장]

3) 지하철역[지하철력]

2. 다음을 듣고 연습해 보세요.

1) 가: 학교에 어떻게 가요?
나: 버스로 가요.

2) 가: 어디에 가요?
나: 버스 정류장에 가요.

3) 가: 여기에서 지하철역까지 어떻게 가요?
나: 걸어서 가세요. 가까워요.

배운 어휘 확인

☐ 자동차   ☐ 고속버스

☐ 버스   ☐ 환전하다

☐ 택시   ☐ 소포

☐ 자전거   ☐ 남산

☐ 지하철   ☐ 힘들다

☐ 오토바이   ☐ 남산 서울 타워

☐ 정류장   ☐ 전망대

☐ 공항   ☐ 케이블카

☐ 비행기

☐ 지하철역

☐ 기차역

☐ 기차

☐ 고속버스 터미널

14

저녁 7시에 만날까요?

• 이 사람들은 무슨 약속이 있어요?
• 여러분은 오늘 약속이 있어요?
  누구와 약속이 있어요?

Q 약속 표현을 알아보세요.

친구 모임(반 모임)

직장 모임(회식)

약속하다

약속을 지키다

약속 시간을 정하다

약속 장소를 정하다

약속 장소를 바꾸다

약속 시간에 늦다

Q 여러분은 약속 장소를 어디로 정해요?

동 -을까요?

상대방의 생각, 의견을 묻거나 제안할 때 사용해요.

커피 마실까요?

네, 좋아요.

예문

•가: 후엔 씨, 오늘 같이 저녁 **먹을까요?**

나: 네, 좋아요. 같이 먹어요.

•가: 내일 몇 시에 **만날까요?**

나: 11시에 만나요.

-을까요?	• 먹다 → 먹을까요?
	• 읽다 → 읽을까요?
-ㄹ까요?	• 가다 → 갈까요?
	• 만나다 → 만날까요?
	★ 만들다 → 만들까요?

1 이링 씨가 친구와 약속을 정해요. 다음과 같이 이야기해 보세요.

보기	언제?	토요일 저녁
1)	어디에서?	공원
2)	무엇을?	저녁을 먹다
3)	어디에?	영화관에 가다

보기

언제 만날까요?

토요일 저녁에 만나요.

2 여러분도 친구와 약속을 해 보세요.

수업 끝나고 무엇을 할까요?

같이 숙제를 해요.

🔍 **왜 친구들 모임에 안 갔어요?**

일이 많다

야근을 하다

회식이 있다

몸이 아프다

가족 모임이 있다

시험이 있다

이링 씨는 왜 모임에 안 갔어요?

회사 일이 많았어요.

행동을 할 능력이 없거나 가능성이 없을 때 사용해요.

라흐만 씨, 어제 등산 갔어요?

아니요, 일했어요. 그래서 못 갔어요.

예문

• 가: 내일 같이 영화를 보러 갈까요?

  나: 미안해요. 내일 가족 모임이 있어요.
     그래서 못 가요.

• 가: 이링 씨, 왜 밥을 안 먹어요?

  나: 배가 아파요. 그래서 밥을 못 먹어요.

못	• 듣다	→	못 듣다
	• 자다	→	못 자다
	• 운전하다	→	운전 못 하다

1 어제 모임에 왜 못 갔어요? 이야기해 보세요.

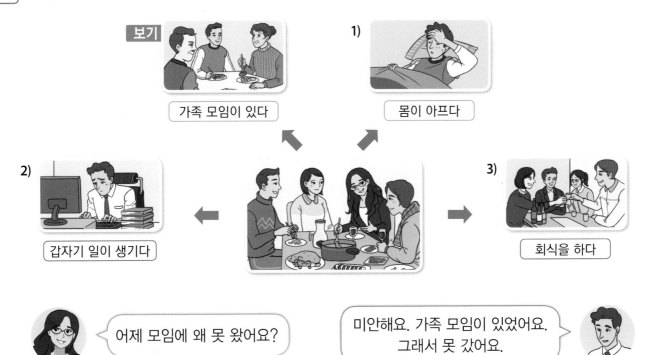

보기
가족 모임이 있다

1)
몸이 아프다

2)
갑자기 일이 생기다

3)
회식을 하다

어제 모임에 왜 못 왔어요?

미안해요. 가족 모임이 있었어요.
그래서 못 갔어요.

2 여러분은 왜 학교에 못 왔어요? 왜 모임에 못 갔어요? 이야기해 보세요.

1 이링 씨와 샤오펀 씨가 약속해요. 다음과 같이 이야기해 보세요.

샤오펀: 이링 씨, 오늘 같이 저녁 먹을까요?

이 링: 미안해요. 오늘은 약속이 있어요.
그래서 못 먹어요.

샤오펀: 그럼 내일 같이 저녁 먹을까요?

이 링: 네, 좋아요. 내일 저녁 7시에 만나요.

1) 저녁을 먹다 | 약속이 있다, 못 먹다   2) 영화를 보다 | 회사 일이 많다, 못 보다

2 여러분은 오늘 뭐 하고 싶어요? 친구와 약속을 해 보세요.

 오늘 같이 쇼핑할까요?   미안해요. 오늘은 약속이 있어요.

잠시드 씨와 라흐만 씨가 이야기해요. 잘 듣고 답해 보세요.

1) 잠시드 씨는 왜 약속을 못 지켜요?

_____

2) 잠시드 씨와 라흐만 씨는 언제 만나요?

❶ (   )요일에 만나요.

❷ (   ) 시에 만나요.

1 다음 글을 읽고 질문에 답해 보세요.

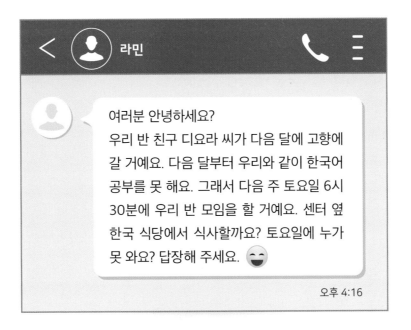

1) 왜 반 모임을 해요?

❶ 친구가 고향에 가요.　　　　❷ 고향 친구가 한국에 와요.

❸ 새 친구가 우리 반에 왔어요.　　❹ 다음 주에 친구 생일이 있어요.

2) 모임은 언제 해요?

_____

3) 모임은 어디에서 해요?

_____

2 여러분은 어떤 모임을 하고 싶어요? 언제, 어디에서 하고 싶어요? 친구들에게 메시지를 써 보세요.

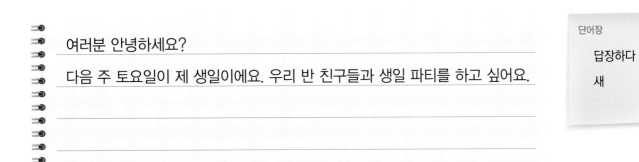

여러분 안녕하세요?

다음 주 토요일이 제 생일이에요. 우리 반 친구들과 생일 파티를 하고 싶어요.

단어장
답장하다
새

약속 장소

한국 사람들의 약속 장소는 과거와 많이 달라졌습니다. 예전에는 카페나, 지하철역 앞, 극장 앞처럼 사람들이 많은 장소에서 만났습니다. 쉽게 찾을 수 있기 때문입니다. 그러나 요즘에는 휴대 전화가 있어서 약속 장소를 미리 정하지 않는 사람도 많습니다. 요즘은 휴대 전화로 할 일을 먼저 정합니다. 그리고 그 장소에서 만납니다. 영화를 보면, "극장에서 만나요. 도착하면 전화하세요."처럼 말합니다.

1) 예전에 한국 사람들은 어디에서 많이 만났어요?
2) 요즘 한국 사람들은 약속 장소를 어떻게 정해요?
3) 여러분은 친구를 어디에서 주로 만나요?

발음

1. 다음을 듣고 따라 읽으세요.

1) 먹을까요?[머글까요]
2) 못 만나요[몬 만나요]
3) 못 먹어요[몬 머거요]

2. 다음을 듣고 연습해 보세요.

1) 가: 뭘 먹을까요?
   나: 비빔밥을 먹어요.
2) 가: 몇 시에 만날까요?
   나: 미안해요. 오늘은 못 만나요.
3) 가: 삼겹살을 먹을까요?
   나: 전 돼지고기를 못 먹어요.

배운 어휘 확인

- ☐ 모임
- ☐ 직장 모임
- ☐ 약속하다
- ☐ 약속을 지키다
- ☐ 약속 시간을 정하다
- ☐ 약속 장소를 정하다
- ☐ 약속 장소를 바꾸다
- ☐ 약속 시간에 늦다
- ☐ 일이 많다
- ☐ 야근을 하다
- ☐ 회식이 있다
- ☐ 몸이 아프다

- ☐ 가족 모임이 있다
- ☐ 시험이 있다
- ☐ 갑자기 일이 생기다
- ☐ 회식을 하다
- ☐ 답장하다
- ☐ 새

15

오늘 날씨가 정말 덥네요

- 무슨 계절이에요? 날씨가 어때요?
- 요즘 날씨가 어때요?

Q 무슨 계절이에요? 날씨가 어때요?

Q 여러분 고향은 지금 무슨 계절이에요? 이야기해 보세요.

지금 무슨 계절이에요?

봄이에요. 따뜻해요.

새롭게 알게 된 사실에 대해 자신의 느낌이나 생각을 표현할 때 사용해요.

이링 씨, 우리 가족 사진이에요.

아이가 정말 예쁘네요.

예문

· 가: 이 잡채 좀 드세요. 제가 만들었어요.

  나: 와! 정말 맛있네요.

· 라민 씨는 한국어를 정말 잘하네요.

-네요	· 먹다	→	먹네요
	· 좋다	→	좋네요
	· 오다	→	오네요
	· 예쁘다	→	예쁘네요
	★ 살다	→	사네요
	★ 멀다	→	머네요

Tip 명이네요   학생 → 학생이네요   커피 → 커피네요

1 그림을 보고 느낌이나 생각을 말해 보세요.

보기

와! 꽃이 많이 피었네요.

꽃이 많이 피었다

1)

바닷가에 사람이 많다

2)

단풍이 아름답다

3)

눈썰매를 타다

2 지금 여러분의 느낌이나 생각을 말해 보세요.

오늘 한국어 수업이 재미있네요.

오늘 기분이 좋네요.

Q 날씨가 어때요?

- 눈이 오다
- 안개가 끼다
- 러시아 모스크바
- 영국 런던
- 천둥/번개가 치다
- 중국 베이징
- 한국 서울
- 맑다
- 미국 뉴욕
- 이집트 카이로
- 구름이 끼다
- 바람이 불다
- 필리핀 마닐라
- 베트남 하노이
- 흐리다
- 비가 오다

지금 서울 날씨가 어때요?

맑아요.

Q 요즘 여러분 고향은 날씨가 어때요? 이야기해 보세요.

후엔 씨, 요즘 고향 날씨가 어때요?

요즘 하노이는 비가 많이 와요.

알래스카 겨울 날씨는 어때요?

알래스카는 서울보다 추워요.

예문

•가: 시간이 늦었네요. 택시를 탈까요?

나: 아니요, 지금은 택시보다 지하철이 더 빨라요.

•저는 농구보다 축구를 잘해요.

보다	• 작년	→	**작년보다**
	• 러시아	→	**러시아보다**

1 다음을 비교해서 말해 보세요.

보기

백화점   시장   옷값이 비싸다

백화점이 시장보다 옷값이 더 비싸요.

1)

뉴욕   서울

눈이 많이 오다

2)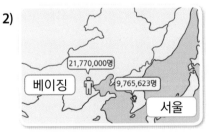

21,770,000명

베이징   9,765,623명   서울

인구가 많다

3)

A식당   B식당

손님이 많다

2 여러분 고향은 날씨가 어때요? 한국 날씨와 비교해 보세요.

필리핀은 더워요. 한국보다 더 더워요.

1 라흐만 씨와 이링 씨가 날씨 이야기를 해요. 다음과 같이 이야기해 보세요.

라흐만: 오늘 날씨가 정말 춥네요.

이　링: 맞아요. 이제 겨울이에요.

라흐만: 그런데 이링 씨는 무슨 계절을 좋아해요?

이　링: 저는 겨울보다 여름을 더 좋아해요.
　　　　겨울은 너무 추워요.

1) 춥다 ｜ 겨울 ｜ 겨울보다 여름을 더 좋아하다, 겨울은 너무 춥다
2) 덥다 ｜ 여름 ｜ 여름보다 겨울을 더 좋아하다, 여름은 너무 덥다

2 여러분은 무슨 계절을 좋아해요? 왜 좋아해요? 이야기해 보세요.

제이슨 씨와 후엔 씨가 이야기해요. 잘 듣고 답해 보세요.

1) 요즘 날씨가 어때요?

_____

2) 후엔 씨 고향의 여름 날씨는 어때요?

_____

1 다음 글을 읽고 질문에 답해 보세요.

한국은 봄, 여름, 가을, 겨울, 사계절이 있습니다. 봄은 3월부터 5월까지입니다. 봄은 따뜻하고 꽃이 많이 핍니다. 사람들은 봄에 꽃을 보러 갑니다. 여름은 6월부터 8월까지입니다. 아주 덥고 비가 많이 옵니다. 그래서 한국 사람들은 봄, 가을, 겨울보다 여름에 휴가를 많이 갑니다. 9월부터 11월까지는 가을입니다. 가을은 쌀쌀하고 단풍이 매우 아름답습니다. 그래서 등산을 많이 합니다. 12월부터 2월까지는 겨울입니다. 겨울에는 눈이 오고 춥습니다. 사람들은 겨울에 눈썰매, 스키를 타러 갑니다.

1) 빈칸에 맞는 계절을 쓰세요.

1월	2월	3월	4월	5월	6월	7월	8월	9월	10월	11월	12월
겨울		(		)	(		)	(		)	겨울

2) 맞으면 ○, 틀리면 X 하세요.

❶ 봄은 단풍이 아름답습니다.　　　　　(　　)

❷ 여름에 휴가를 많이 갑니다.　　　　　(　　)

❸ 한국은 가을에도 눈이 옵니다.　　　　(　　)

3) 사람들은 겨울에 무엇을 합니까? _____

2 여러분 고향의 계절과 날씨는 어때요? 고향의 계절과 날씨를 소개하는 글을 써 보세요.

<u>○○○의 계절</u>

_____

_____

_____

단어장

사계절

매우

스키를 타다

재난, 안전 안내 문자

한국 정부는 재난 시에 모든 국민에게 문자를 보냅니다. 봄에는 미세 먼지, 여름에는 폭염과 호우를 미리 알려 줍니다. 겨울에는 한파, 폭설, 건조 주의보를 알립니다. 여러분도 휴대 전화에서 이런 문자 메시지를 받았습니까? 앞으로 날씨와 재난, 안전 문자를 잘 확인하세요.

1) 정부에서 언제 문자 메시지를 보내요?

2) 어느 계절에 어떤 메시지가 자주 와요?

3) 여러분은 어떤 재난, 안전 문자를 받았어요?

3월 5일 화요일

긴급 재난 문자
[서울시] 오늘 07시 서울지역 **미세 먼지** 경보 발령. 야외 활동 자제, 실외 활동 금지, 마스크 착용 바랍니다.

오전 6:50

12월 11일 수요일

긴급 재난 문자
[행정안전부] 내일 아침 수도권을 중심으로 **폭설** 예상되므로, 출근길 대중교통 이용 등 안전에 유의 바랍니다.

오후 9:18

7월 5일 금요일

 긴급 재난 문자
[행정안전부] 오늘 10시 서울, 경기 동부,
강원 일부 **폭염** 경보 발령. 야외 활동 자제,
충분한 물 마시기 등 건강에 유의 바랍니다.

오전 8:12

7월 26일 금요일

긴급 재난 문자
[행정안전부] 오늘 07시 10분 서울,
인천, 경기 일부 **호우** 경보 발령. 산사태,
상습 침수 등 안전에 주의 바랍니다.

오전 7:17

발음

1. 다음을 듣고 따라 읽으세요.

1) 작년[장년]
2) 춥네요[춤네요]
3) 피었네요[피언네요]

2. 다음을 듣고 연습해 보세요.

1) 가: 이번 여름 날씨가 어때요?
   나: 작년보다 더워요.
2) 가: 올해 많이 추워요?
   나: 작년보다 더 춥네요.
3) 공원에 꽃이 많이 피었네요.

배운 어휘 확인

☐ 날씨
☐ 계절
☐ 봄
☐ 여름
☐ 가을
☐ 겨울
☐ 따뜻하다
☐ 덥다
☐ 쌀쌀하다
☐ 춥다
☐ 꽃이 많이 피다
☐ 바닷가
☐ 단풍이 아름답다

☐ 눈썰매를 타다
☐ 맑다
☐ 흐리다
☐ 비가 오다
☐ 눈이 오다
☐ 구름이 끼다
☐ 안개가 끼다
☐ 바람이 불다
☐ 천둥/번개가 치다
☐ 인구
☐ 사계절
☐ 매우
☐ 스키를 타다

16

배가 아파서 병원에 가요

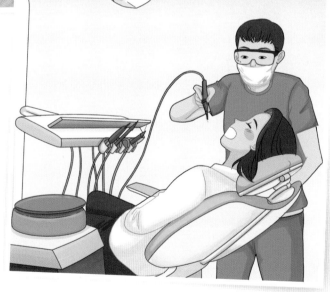

- 이 사람들은 어디가 아파요?
- 여러분은 어느 병원에 가 봤어요?

🔍 어디가 아파요? 어느 병원에 가요?

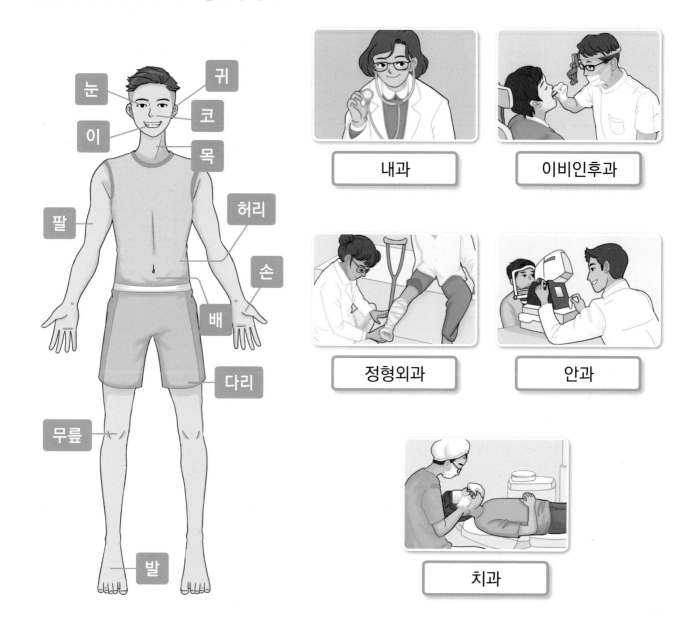

눈 귀 이 코 목 허리 팔 손 배 다리 무릎 발

내과

이비인후과

정형외과

안과

치과

🔍 여러분 친구가 아파요. 어느 병원에 가요? 이야기해 보세요.

이가 아파요.

그럼, 빨리 치과에 가세요.

앞의 내용이 뒤의 내용의 이유가 될 때 사용해요.

어제 왜 병원에 갔어요?

배가 아파서 병원에 갔어요.

예문

• 가: 그 드라마를 자주 봐요?

  나: 네, 재미있어서 자주 봐요.

• 어제는 피곤해서 집에서 쉬었어요.

➡ -아서	• 높다	➡	높아서
	★아프다	➡	아파서
➡ -어서	• 먹다	➡	먹어서
	• 감기에 걸리다		감기에 걸려서
➡ -해서	• 피곤하다	➡	피곤해서
	• 청소하다	➡	청소해서

1 어느 병원에 가요? 왜 가요? 이야기해 보세요.

보기

어느 병원에 가요?

눈이 아파서 안과에 가요.

눈이 아프다 / 안과

1)

감기에 걸리다 / 내과

2)

이가 아프다 / 치과

3)

다리가 부러지다 / 정형외과

2 여러분은 왜 병원에 갔어요? 친구와 이야기해 보세요.

🔍 감기에 걸렸어요. 어떻게 해요?

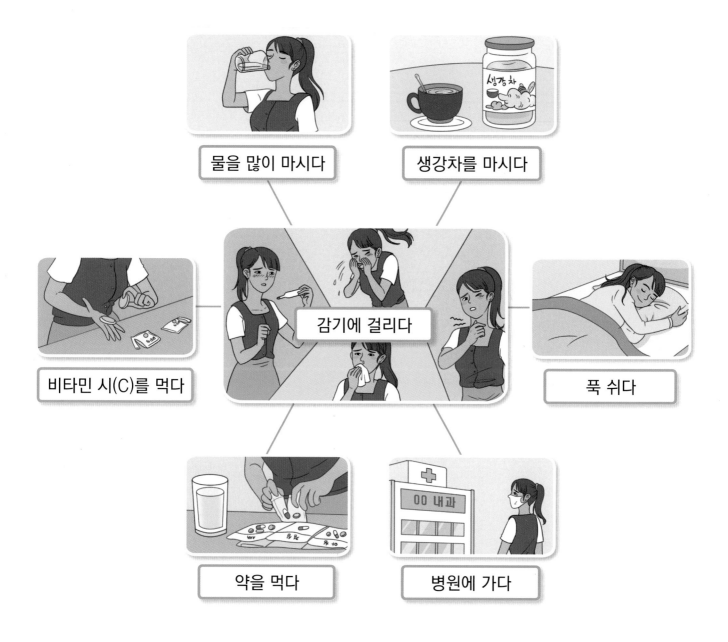

물을 많이 마시다

생강차를 마시다

비타민 시(C)를 먹다

감기에 걸리다

푹 쉬다

약을 먹다

병원에 가다

🔍 여러분이 감기에 걸렸어요. 어떻게 해요? 이야기해 보세요.

저는 감기에 걸려서 약을 먹었어요.

동사를 주어나 목적어 등으로 사용하기 위해서 명사로 만들 때 사용해요.

그래요? 그러면 빨리 병원에 가는 것이 좋아요.

선생님,
오늘 배가 아파서 학교에 못 가요.
약을 먹었지만 계속 아파요.

예문
- 가: 잠시드 씨, 노래방에 안 가요?
  나: 네, 저는 노래 부르는 것을 안 좋아해요.
- 잘 먹는 것이 건강에 좋아요.

-는 것	먹다	→	먹는 것
	씻다	→	씻는 것
	가다	→	가는 것
	쉬다	→	쉬는 것

1 감기에 걸렸어요. 어떻게 하는 것이 좋아요? 이야기해 보세요.

보기

집에서 쉬다

집에서 푹 쉬는 것이 좋아요.

1)

병원에 가다

2)

생강차를 마시다

3)

약을 먹다

2 건강이 안 좋아요. 어떻게 하는 것이 좋아요? 이야기해 보세요.

1 라민 씨와 안젤라 씨가 이야기해요. 다음과 같이 이야기해 보세요.

라　민: 안젤라 씨, 얼굴이 안 좋네요. 어디 아파요?

안젤라: 네, 목이 너무 아파서 잠을 못 잤어요.

라　민: 그러면 생강차를 마시는 것이 좋아요.

안젤라: 네, 고마워요.

1) 목이 너무 아프다, 잠을 못 자다 ｜ 생강차를 마시다
2) 배가 너무 아프다, 밥을 못 먹다 ｜ 병원에 가다

2 어디가 아플 때, 어떻게 하는 것이 좋아요? 이야기해 보세요.

이링 씨가 약국에서 이야기해요. 잘 듣고 답해 보세요.

1) 이링 씨는 왜 약국에 갔어요?

　　_____

2) 약사는 이링 씨에게 어떻게 하라고 말했어요?

　　_____

1 다음 글을 읽고 질문에 답해 보세요.

안젤라 씨는 요즘 날씨가 추워서 감기에 걸렸어요. 목이 많이 아파서 생강차를 마셨어요. 그렇지만 계속 아파서 이비인후과에 갔어요. 의사 선생님께서는 "약을 먹고 집에서 푹 쉬는 것이 좋아요. 그리고 물을 많이 마시는 것이 좋아요."라고 말했어요. 그래서 오늘 안젤라 씨는 친구를 만나지 않고 집에서 쉴 거예요.

1) 안젤라 씨는 어디가 아파서 병원에 갔어요? _____

2) 맞으면 ○, 틀리면 X 하세요.
   ❶ 이비인후과에 갔어요.   (   )
   ❷ 물을 조금만 마시는 것이 좋아요.   (   )
   ❸ 안젤라 씨는 오늘 친구를 만날 거예요.   (   )

3) 안젤라 씨는 오늘 뭐 할 거예요? _____

2 이 사람들은 무엇을 왜 못 해요? 어떻게 하는 것이 좋아요? 써 보세요.

1) 라흐만 씨는 팔이 아파서 일을 못 합니다.
   그래서 정형외과에 가는 것이 좋습니다.

2) 라민 씨는 _____.
   _____.

3) 후엔 씨는 _____.
   _____.

4) 성민이는 _____.
   _____.

한국의 병원

한국의 병원은 세 가지 종류가 있습니다. 의원과 보건소는 1차 병원입니다. 병원과 종합 병원은 2차 병원입니다. 상급 종합 병원은 3차 병원입니다. 먼저 1차, 2차 병원에 갑니다. 의사에게 진료를 받습니다. 진료가 더 필요할 경우, 진료 의뢰서를 받고 3차 병원에 갑니다.

1) 병원의 종류에는 무엇이 있어요?

2) 가장 먼저 어느 병원에 가요?

3) 여러분 고향의 병원을 소개해 보세요.

1. 병원의 종류를 알아보세요.

1차 병원
의원, 보건소

2차 병원
병원, 종합 병원

3차 병원
상급 종합 병원

2. 병원 방문 순서를 알아보세요.

1차, 2차 병원 진료

진료 의뢰서 받기

3차 병원 예약

3차 병원 진료

발음

1. 다음을 듣고 따라 읽으세요.

1) 내과 [내꽈]
2) 치과 [치꽈]
3) 안과 [안꽈]

2. 다음을 듣고 연습해 보세요.

1) 가: 어제 왜 병원에 갔어요?
   나: 배가 아파서 내과에 갔어요.
2) 가: 이가 아파요.
   나: 그럼 빨리 치과에 가세요.
3) 가: 근처에 안과가 있어요?
   나: 저 아파트 맞은편에 있어요.

배운 어휘 확인

☐ 눈	☐ 내과
☐ 코	☐ 이비인후과
☐ 이	☐ 정형외과
☐ 귀	☐ 안과
☐ 목	☐ 치과
☐ 팔	☐ 다리가 부러지다
☐ 허리	☐ 생강차
☐ 배	☐ 비타민 시(C)
☐ 손	☐ 푹 쉬다
☐ 다리	
☐ 무릎	
☐ 발	

17

사진을 찍지 마세요

- 여기는 어디예요? 사람들이 여기에서 뭐 해요?
- 여러분은 언제 여기에 갔어요? 뭐 했어요?

어디에 가요? 무엇을 할 거예요?

보기

어디에 가요?

무엇을 할 거예요?

은행에 가요.

환전할 거예요.

은행　환전하다

백화점　선물을 사다

주차장　주차하다

박물관　역사 공부를 하다

경찰서　국제 운전면허증을 받다

주민 센터　수영반에 등록하다

우체국　소포를 보내다

주차장이 어디에 있어요?

건물 뒤에 있어요. 오른쪽으로 가세요.

예문

· 가: 수영반 등록은 어디에서 해요?

나: 저기 사무실에서 해요. 왼쪽으로 가세요.

· 식당은 7층에 있어요. 위로 올라가세요.

으로	· 공원 → 공원으로
	· 3층 → 3층으로
로	· 아래 → 아래로
	· 교실 → 교실로

1 무엇을 할 거예요? 어디에 있어요? 이야기해 보세요.

보기

어디에서 운전면허증을 받아요?

저기 오른쪽으로 가세요.

운전면허증을 받다 | 오른쪽

1)

과일을 사다 | 지하 1층

2)

환전을 하다 | 위층

3)

소포를 보내다 | 옆

2 여러분의 교실에서 다음 장소에 어떻게 가요? 이야기해 보세요.

센터 사무실   화장실

편의점   선생님 방

센터 사무실은 1층에 있어요. 아래층으로 가세요.

Q 공원에서 사람들이 무엇을 해요?

Q 여러분은 공원에서 무엇을 해요? 무엇을 못 해요? 이야기해 보세요.

공원에서 사진을 찍어요.

공원에서 담배를 못 피워요.

공원에서 꽃을 못 만져요.

듣는 사람에게 어떤 행동을 금지시킬 때 사용해요.

예문

• 가: 버스 정류장에서 담배를 피우지 마세요.

  나: 아, 죄송합니다.

• 공연장 안에서 사진을 찍지 마세요.

-지 마세요	• 먹다	→	먹지 마세요
	• 듣다	→	듣지 마세요
	• 쓰다	→	쓰지 마세요
	• 타다	→	타지 마세요

1 여기에서 무엇을 못 해요? 그림을 보고 이야기해 보세요.

교실에서 담배를 피우지 마세요.

보기

| 교실 | 담배를 피우다 |

1)

| 버스 정류장 | 주차하다 |

2)

| 강 | 수영하다 |

3)

| 미술관 | 사진을 찍다 |

4)

| 도서관 | 음식을 먹다 |

5)

| 잔디밭 | 들어가다 |

2 교실에서 선생님이 무슨 말을 해요? 이야기해 보세요.

수업에 늦지 마세요.

시험 시간에 말하지 마세요.

말하기와 듣기

1 라흐만 씨가 길을 찾고 있어요. 다음과 같이 이야기해 보세요.

라흐만: 실례지만 주민 센터가 어디에 있어요?

여 자: 오른쪽으로 조금만 가세요.

라흐만: 버스를 타요?

여 자: 아니요. 버스를 타지 마세요.
　　　 바로 저기예요.

1) 주민 센터 │ 버스를 타다　　　　2) 역사 박물관 │ 길을 건너다

2 여러분은 어디에 가요? 거기에 어떻게 가요? 친구와 이야기해 보세요.

라민 씨와 경찰관이 이야기해요. 잘 듣고 답해 보세요.

1) 라민 씨는 무엇을 타요?

　　_____

2) 라민 씨는 지금 어디에 있어요?

　　_____

1 다음 글을 읽고 질문에 답해 보세요.

등산 안내문

🚫 취사 금지! 음식을 만들지 마세요.

🚫 야영 금지! 캠핑을 하지 마세요.

🚫 수영 금지! 수영을 하지 마세요.

🚫 낚시 금지! 낚시를 하지 마세요.

🚫 쓰레기 투기 금지! 쓰레기를 버리지 마세요.

설악산 국립 공원 사무소

1) "캠핑을 못 해요."와 같은 것을 고르세요.

❶ 낚시 금지　　　❷ 취사 금지　　　❸ 야영 금지　　　❹ 쓰레기 투기 금지

2) 여기에서 무엇을 못 해요?

❶ 음식을 못 먹습니다.　　　　❷ 요리를 못 합니다.

❸ 이야기를 못 합니다.　　　　❹ 사진을 못 찍습니다.

3) 여기는 어디예요?

❶ 바다　　　❷ 박물관　　　❸ 동물원　　　❹ 국립 공원

2 한국어 수업 시간에 무엇을 못 해요? 교실 안내문을 써 보세요.

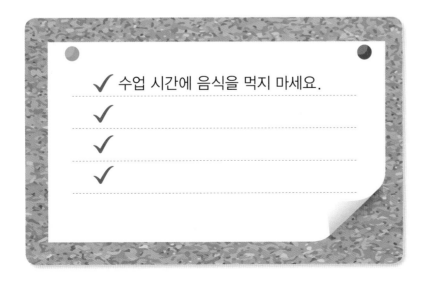

✓ 수업 시간에 음식을 먹지 마세요.

✓

✓

✓

단어장

취사

야영

캠핑

쓰레기 투기

설악산 국립 공원

동물원

한국의 공공 예절

한국에서는 버스나 지하철에서 공공 예절을 지켜야
합니다. 버스나 지하철에는 교통 약자석이 있습니다.
여기에는 노인, 임산부, 장애가 있는 사람들이
앉습니다. 버스와 지하철에서는 음료수와 음식을
먹지 않습니다. 그리고 큰 소리로 통화하지 않습니다.
그리고 다리를 벌리고 앉지 마십시오. 공공장소에서는
다른 사람들을 배려해야 합니다.

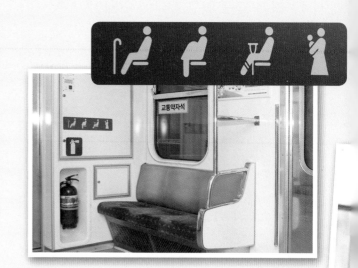

1) 한국 지하철과 버스의 교통 약자석에는 누가 앉아요?
2) 한국 지하철과 버스에서 무엇을 하지 않아요?
3) 공공 예절에는 또 어떤 것이 있어요?

발음

1. 다음을 듣고 따라 읽으세요.

1) 박물관[방물관]

2) 못 만져요[몬 만져요]

3) 등록[등녹]

2. 다음을 듣고 연습해 보세요.

1) 박물관은 어디에 있어요?

2) 공원에서 꽃을 못 만져요.

3) 주민 센터에서 수영반을 등록했어요.

배운 어휘 확인

☐ 환전하다	☐ 담배를 피우다
☐ 주차장	☐ 꽃을 만지다
☐ 주차하다	☐ 뛰다
☐ 역사 공부를 하다	☐ 잔디밭에 들어가다
☐ 박물관	☐ 쓰레기를 버리다
☐ 경찰서	☐ 역사 박물관
☐ 국제 운전면허증을 받다	☐ 취사
☐ 주민 센터	☐ 야영
☐ 수영반	☐ 캠핑
☐ 등록하다	☐ 쓰레기 투기
☐ 센터 사무실	☐ 설악산 국립 공원
☐ 위층	☐ 동물원
☐ 아래층	
☐ 오른쪽	
☐ 왼쪽	

18

한국 생활은 조금 힘든데 재미있어요

- 이 사람들은 한국에서 어떻게 지내고 있어요?
- 여러분은 한국 생활이 어때요?

🔍 여러분은 한국 생활에 대해서 무엇을 알아요?

교통

대중교통 수단을
이용하기 편하다

택시 잡기가 쉽다

교통 카드를
이용하다

고등학교

2월에 졸업하다

3월에 입학하다

여름과 겨울에
방학이 있다

병원

외국인 등록증이
필요하다

건강 보험이 되다

12시부터 1시까지
점심시간이다

🔍 여러분이 한국 생활에 대해 아는 것을 이야기해 보세요.

한국 사람   한국어   한국의 의식주

동 형 -지요?

이미 알고 있는 것을 다시 확인할 때 사용해요.

예문

· 가: 우리 토요일에 만나지요?

나: 네, 맞아요.

· 가: 단풍이 아름답지요?

나: 네, 정말 아름답네요.

-지요?	· 먹다	→	먹지요?
	· 좋다	→	좋지요?
	· 가다	→	가지요?
	· 예쁘다	→	예쁘지요?

Tip 명이지요? 회사원 → 회사원이지요?   학교 → 학교지요?

---

1 후엔이 병원에 전화했어요. 무엇을 확인해요? 이야기해 보세요.

1) 2020 ○월 예약을 받다

2) 건강 보험이 되다

3) 9:00 ~ 18:00 6시까지 진료하다

보기 대한병원이다

여보세요, 거기 대한병원이지요?

네, 맞습니다.

---

2 여러분도 친구에 대해 아는 것을 확인해 보세요.

 아나이스 씨는 대학원에 다니지요?

네, 대학원에 다녀요.

🔍 동네에 뭐가 있어요? 그곳은 어떤 특징이 있어요?

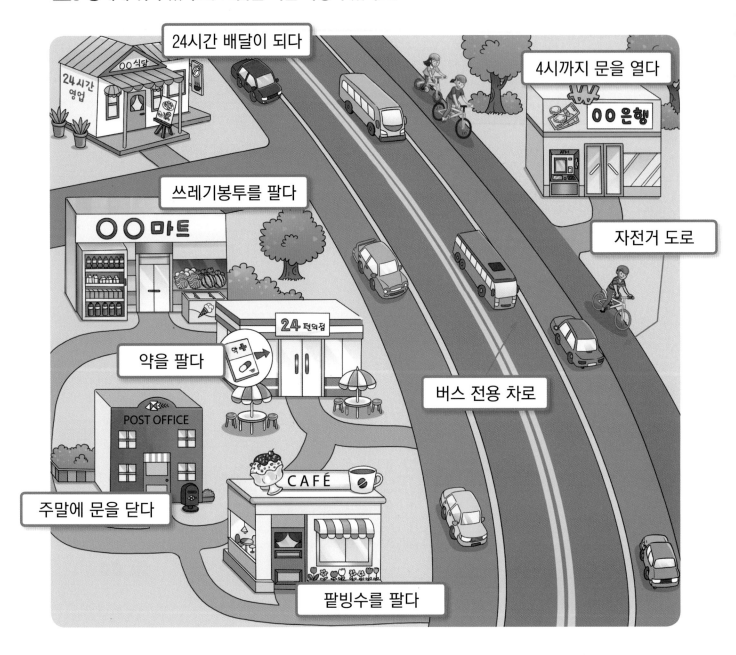

🔍 여러분의 동네에 뭐가 있어요? 그곳은 어떤 특징이 있어요? 이야기해 보세요.

우리 동네 은행은
주말에 문을 열어요.

앞의 내용과 다른 사실, 행동을 연결해서 말할 때 사용해요.

> 안젤라 씨는 한국 생활이 어때요?

> 조금 힘든데 재미있어요.

예문

• 가: 요즘 날씨가 쌀쌀하지요?

나: 네, 낮에는 **더운데** 아침저녁에는 쌀쌀해요.

• 밤 12시에 지하철은 **다니는데** 버스는 안 다녀요.

-는데	• 먹다 →	**먹는데**
	• 가다 →	**가는데**
	★ 살다 →	**사는데**
-은데	• 작다 →	**작은데**
	• 좋다 →	**좋은데**
-ㄴ데	• 크다 →	**큰데**
	★ 멀다 →	**먼데**

Tip 명인데　학생 → **학생인데**　이집트 → **이집트인데**

---

1 한국과 여러분의 고향은 뭐가 달라요?

보기

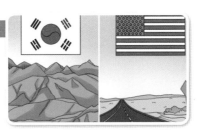

> 제이슨 씨, 한국과 제이슨 씨 고향은 뭐가 달라요?

> 한국에는 산이 많은데 제 고향에는 산이 적어요.

제이슨 　한국에 산이 많다 / 고향에 산이 적다

1) 라민 　한국은 눈이 오다 / 고향은 눈이 안 오다

2) 후엔 　한국은 24시간 배달이 되다 / 고향은 24시간 배달이 안 되다

3) 잠시드 　한국에 버스 전용 차로가 있다 / 고향에 버스 전용 차로가 없다

---

2 한국과 여러분 고향은 뭐가 달라요? 이야기해 보세요.

1 잠시드 씨와 라흐만 씨가 집에서 전화해요. 다음과 같이 이야기해 보세요.

잠시드: 여보세요? 라흐만 씨, 약국은 밤에 문을 닫지요?

라흐만: 네. 그런데 왜요?

잠시드: 배가 아파서요.

라흐만: 그럼 편의점에 가세요. 약국은 밤에 문을 닫는데 편의점은 안 닫아요.

잠시드: 그렇군요. 정말 고마워요.

1) 약국은 밤에 문을 닫다 │ 배가 아프다 │ 편의점은 안 닫다

2) 우체국은 일요일에 쉬다 │ 택배를 보내고 싶다 │ 편의점은 안 쉬다

2 여러분도 한국 생활에 대해 알고 싶은 것을 친구에게 물어보세요.

후엔 씨와 민수 씨가 이야기해요. 잘 듣고 답해 보세요.

1) 마트는 언제 쉬어요? 모두 고르세요.

❶ 첫째 주 일요일　　　　❷ 둘째 주 일요일

❸ 셋째 주 일요일　　　　❹ 넷째 주 일요일

2) 후엔 씨는 오늘 어디에서 물건을 살 거예요?

_____

1 다음 글을 읽고 질문에 답해 보세요.

안녕하세요. 제 이름은 고천입니다. 저는 한국 사람과 결혼해서 한국에 왔습니다. 저는 남편과 한국어로 말합니다. 그래서 한국어 말하기는 쉬운데 쓰기는 어렵습니다. 저는 평일에는 아이들에게 중국어를 가르칩니다. 그리고 주말에는 한국어도 공부하고 한국 요리도 배웁니다. 아직 한국 생활에 익숙하지 않아서 힘듭니다. 하지만 즐겁습니다. 여러분은 한국 생활이 어떻습니까?

1) 고천 씨의 남편은 어느 나라 사람입니까? _____

2) 고천 씨는 요즘 무엇을 안 합니까?
  ❶ 중국어를 가르칩니다.　　　❷ 한국 요리를 배웁니다.
  ❸ 한국어를 공부합니다.　　　❹ 한국 회사에 다닙니다.

3) 맞으면 ○, 틀리면 ✕ 하세요.
  ❶ 고천 씨는 한국어 쓰기가 쉽습니다.　　(　　　)
  ❷ 고천 씨는 한국 생활에 익숙합니다.　　(　　　)

2 여러분의 한국 생활은 어때요? 한국 생활에 대해 써 보세요.

단어장
결혼하다
평일
중국어
익숙하다

한국어 줄임말

"아주머니, 여기 물냉 하나, 비냉 하나 주세요!" 여러분은 식당에서 이런 말을 들었습니까? '물냉'은 '물냉면', '비냉'은 '비빔냉면'을 의미합니다. 한국 사람들은 어떤 단어를 짧게 말합니다. '뚝불'는 '뚝배기 불고기', '치맥'은 '치킨과 맥주'를 의미합니다. 음식 이름만이 아니라 다른 단어도 짧게 말합니다. '아르바이트'는 '알바', '셀프 카메라'는 '셀카'입니다. 줄임말은 짧고 간편해서 좋은데 가끔 의미를 몰라서 불편하기도 합니다.

1) '물냉', '비냉'은 무엇을 의미해요?
2) 줄임말은 왜 불편해요?
3) 여러분이 알고 있는 줄임말에는 어떤 것이 있어요?

18-P.mp3

1. 다음을 듣고 따라 읽으세요.

1) 아름답지요[아름답찌요]

2) 좋지요[조치요]

3) 닫는데[단는데]

2. 다음을 듣고 연습해 보세요.

1) 가: 단풍이 아름답지요?
   나: 네, 정말 아름답네요.

2) 가: 오늘 날씨가 좋지요?
   나: 네, 좋아요.

3) 가: 편의점에서 약을 샀어요?
   나: 네. 약국은 밤에 문을 닫는데 편의점은 안 닫아요.

배운 어휘 확인

- [ ] 대중교통 수단을 이용하다
- [ ] 편하다
- [ ] 택시를 잡다
- [ ] 교통 카드
- [ ] 졸업하다
- [ ] 입학하다
- [ ] 방학이 있다
- [ ] 외국인 등록증이 필요하다
- [ ] 건강 보험이 되다
- [ ] 점심시간
- [ ] 의식주
- [ ] 24시간 배달이 되다
- [ ] 쓰레기봉투를 팔다

- [ ] 문을 열다
- [ ] 문을 닫다
- [ ] 약을 팔다
- [ ] 버스 전용 차로
- [ ] 자전거 도로
- [ ] 팥빙수
- [ ] 결혼하다
- [ ] 평일
- [ ] 중국어
- [ ] 익숙하다

복습 2

어휘

※ [1~4] 〈보기〉와 같이 (   )에 들어갈 알맞은 것을 고르세요.

〈보기〉

머리가 아픕니다. 그래서 (   )에 갑니다.

① 학교   ② 시장   ❸ 약국   ④ 공항

---

1. 저는 눈이 나빠요. 그래서 (   )을/를 써요.

   ① 모자   ② 그림   ③ 우산   ④ 안경

2. 어제 허리를 다쳤어요. 그래서 오늘 (   )에 가요.

   ① 치과   ② 내과   ③ 정형외과   ④ 이비인후과

3. 가: 왜 오늘 회식에 못 가요?

   나: 죄송합니다. 오늘 저녁에 가족 (   )이/가 있어요.

   ① 선물   ② 모임   ③ 연락   ④ 휴가

4. 가: 국제 운전면허증을 받고 싶어요. 어디로 가요?

   나: 국제 운전면허증은 (   )에 가서 받으세요.

   ① 경찰서   ② 우체국   ③ 주민 센터   ④ 출입국·외국인청

※ [5~6] (   )에 들어갈 알맞은 것을 고르세요.

5. 이번 주말에 가족들하고 눈썰매를 (   ) 가요.

　① 치러　　　　　② 하러　　　　　③ 타러　　　　　④ 앉으러

6. 동생 생일이어서 고향에 소포를 (   ).

　① 도와요　　　　② 보내요　　　　③ 불러요　　　　④ 팔아요

※ [7~8] 다음 대화에 알맞은 것을 고르세요.

7.
　가: 친구를 자주 만나요?
　나: 아니요, 시간이 없어서 (   ) 만나요.

　① 많이　　　　　② 아주　　　　　③ 가끔　　　　　④ 보통

8.
　가: 오늘은 좀 피곤해요. 다음에 만날까요?
　나: 네, 알겠어요. 그럼 집에서 (   ) 쉬세요.

　① 푹　　　　　　② 벌써　　　　　③ 아직　　　　　④ 너무

※ [9~10] 다음 밑줄 친 부분과 의미가 반대인 것을 고르세요.

9. 가: 이번 주말에 일해요?
　 나: 아니요, (   )에만 일해요.

　① 오전　　　　　② 평일　　　　　③ 휴일　　　　　④ 방학

10. 가: 아이 옷을 사러 왔는데요.
　　나: 아이 옷은 여기서 안 (   ). 위층으로 가 보세요.

　① 줘요　　　　　② 팔아요　　　　③ 시켜요　　　　④ 보내요

※ [1~10] 〈보기〉와 같이 (   )에 들어갈 가장 알맞은 것을 고르세요.

〈보기〉

영호 씨는 지금 공원(   ) 운동을 합니다.

① 을   ② 이   ❸ 에서   ④ 에

---

1. | 어제 저는 친구(   ) 오랜만에 통화했어요.

    ① 를   ② 에   ③ 보다   ④ 하고

2. | 저는 회사에 지하철(   ) 갑니다.

    ① 로   ② 과   ③ 부터   ④ 에서

3. | 가: 지금 고향 날씨는 어때요?
     나: 날씨가 (   ) 따뜻해요.

    ① 맑고   ② 맑게   ③ 맑은데   ④ 맑지만

4. | 내일 시험이 있어요. 그래서 오늘은 (   ) 도서관에 갈 거예요.

    ① 공부하고   ② 공부하러   ③ 공부해서   ④ 공부하지만

5. | 가: 어제 놀이공원에 (   )?
     나: 네, 가족들이랑 재미있게 놀았어요.

    ① 갔지요   ② 갈까요   ③ 가네요   ④ 갈 거예요

6. 가: 민수 씨, 사진 좀 (   ).

   나: 네, 알겠어요. 카메라 주세요.

   ① 안 찍어요   ② 찍습니다
   ③ 찍어 주세요   ④ 찍을 거예요

7. 가: 어디에 가요?

   나: 센터에 한국어를 (   ).

   ① 배웁니다   ② 배우네요
   ③ 배울 거예요   ④ 배우러 가요

8. 가: 내일 같이 영화관에 (   )?

   나: 좋아요. 2시에 회사 앞에서 만나요.

   ① 갈까요   ② 가네요
   ③ 가세요   ④ 안 가지요

9. 휴가를 가고 싶지만 일이 많아서 (   ).

   ① 갑니다   ② 갔어요
   ③ 못 가요   ④ 가지 마세요

10. 오늘이 어제(   ) 더 추워요.

   ① 와   ② 하고
   ③ 도   ④ 보다

※ [11~15] 밑줄 친 부분이 **틀린** 것을 고르세요.

〈보기〉

① 편의점에 <u>가요</u>.　　　　　　② 친구하고 <u>전화해요</u>.

❸ 저는 한국 음악을 <u>들어요</u>.　　　④ 문화 센터에서 기타를 <u>배워요</u>.

---

11. ① 약을 <u>먹어서</u> 안 아픕니다.

　② 비가 <u>오지만</u> 우산을 가지고 가요.

　③ 저는 요리를 <u>배우러</u> 요리 교실에 가요.

　④ 일요일에는 청소를 <u>하고</u> 집에서 쉽니다.

12. ① 친구는 오이를 <u>못</u> 먹어요.

　② 휴가 날짜는 <u>회사에게</u> 물어보세요.

　③ 고기를 너무 많이 <u>먹는 것은</u> 몸에 안 좋아요.

　④ 한국은 과일이 <u>비싸지만</u> 우리 고향은 안 비싸요.

13. ① 여동생이 집에 <u>계세요</u>.

　② 할머니께 안경을 <u>드려요</u>.

　③ 아버지께서 신문을 <u>읽으세요</u>.

　④ 외할아버지께서 집에서 <u>주무세요</u>.

14. ① 일이 <u>많아서</u> 힘들어요.

　② 내일 고향에 <u>갈 거예요</u>.

　③ 백화점에서 <u>신발도</u> 옷을 샀습니다.

　④ 저는 <u>아침부터 저녁까지</u> 일을 합니다.

15. ① 친구는 학교<u>에</u> 있어요.

　② 내일 저에게 <u>전화해 주세요</u>.

　③ <u>바빴어서</u> 연락을 못 했어요.

　④ 머리가 아프면 약을 <u>먹는 것이</u> 좋아요.

※ [1~3] 다음의 내용과 같은 것을 고르세요.

1.
> 우리 가족은 모두 네 명입니다. 아버지, 어머니, 오빠, 그리고 저입니다. 우리 가족은 날마다 바쁘지만 일요일에는 다 같이 집안일을 합니다. 아버지는 요리를 하고 오빠하고 저는 청소를 합니다. 어머니는 빨래를 합니다. 다 같이 집안일을 하고 저녁에는 아버지의 요리를 맛있게 먹습니다.

① 저는 날마다 집안일을 합니다.
② 어머니와 저는 빨래를 합니다.
③ 아버지는 매일 청소를 합니다.
④ 일요일 저녁에 집에서 밥을 먹습니다.

2.
> 저는 오늘 친구와 영화를 보러 영화관에 갔습니다. 휴일이어서 영화관에는 사람들이 많았습니다. 영화가 재미있고 영화배우도 멋있었습니다. 영화를 보고 저녁도 같이 먹었습니다. 이번 주말에는 친구하고 집 근처 운동장에서 축구를 할 겁니다.

① 주말에 축구를 하러 갈 겁니다.
② 휴일이어서 영화표가 없었습니다.
③ 친구 집에서 함께 영화를 봤습니다.
④ 영화관에서 영화배우를 만났습니다.

3.
> 한국은 봄, 여름, 가을, 겨울의 사계절이 있습니다. 저는 봄과 가을을 좋아합니다. 봄과 가을은 덥지도 않고 춥지도 않아서 좋습니다. 봄에는 여러 가지 꽃이 피고 날씨가 따뜻해서 사람들은 공원에 놀러 갑니다. 가을에는 단풍이 아름다워서 등산을 많이 합니다. 저는 고향의 부모님께 꽃 사진과 단풍 사진을 보내고 싶습니다.

① 사람들은 꽃을 보러 공원에 갑니다.
② 저는 가을보다 봄을 더 좋아합니다.
③ 사람들은 봄에 등산을 많이 합니다.
④ 저는 부모님과 단풍 사진을 찍었습니다.

※ [4~5] 다음 (   ) 안에 알맞은 것을 고르세요.

4.
　　저는 베트남에서 왔습니다. 요즘 다른 나라 친구들과 센터에서 한국어와 한국 문화를 배웁니다. 센터의 선생님과 친구들이 아주 친절합니다. 선생님은 한국어와 한국 문화를 잘 (　　　　　). 그래서 요즘 저는 한국 생활이 아주 재미있습니다. 저는 집에서도 열심히 한국어를 연습합니다. 빨리 한국어를 잘 말하고 싶습니다.

① 배우러 갑니다　　　　　　　② 가르쳐 주십니다
③ 연습하는 것이 좋습니다　　　④ 가르치는 것을 좋아합니다

5.
　　다음 주는 어버이날이에요. 그래서 부모님 선물을 사러 백화점에 갔어요. 아버지는 운동을 좋아하세요. 그래서 운동화를 샀어요. 그리고 어머니는 (　　　　　　　) 백화점에서 원피스를 샀어요. 내일 우체국에서 부모님 선물을 고향에 보낼 거예요. 부모님이 제 선물을 좋아하시면 좋겠어요.

① 한국 옷을 좋아하셔서
② 운동화를 사고 싶어서
③ 어머니 선물이 없어서
④ 쇼핑을 안 좋아하셔서

※ [6] 다음을 읽고 질문에 답하세요.

6.　다음 글에 대한 설명으로 알맞지 않은 것을 고르세요.

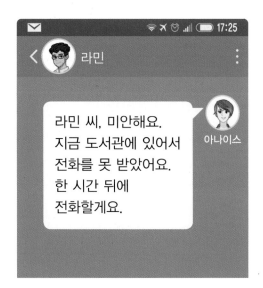

① 라민 씨는 전화를 할 겁니다.
② 아나이스 씨는 도서관에 있습니다.
③ 아나이스 씨는 한 시간 뒤에 전화할 겁니다.
④ 라민 씨는 아나이스 씨에게 전화를 했습니다.

※ [7~8] 다음을 읽고 물음에 답하세요.

> 주말에 저는 남편과 요리를 합니다. 제 남편은 요리를 잘해서 같이 음식을 자주 만들고 가족들과 함께 먹습니다. 제 남편은 김치찌개를 잘 만듭니다. 남편의 김치찌개가 (　　㉠　　) 아이들이 정말 좋아합니다. 저도 한국 요리를 빨리 배우고 싶습니다. 그래서 한국의 가족들과 친구들에게 만들어 주고 싶습니다.

7. ㉠에 들어갈 알맞은 말을 고르세요.

　① 많아서　　　　　　　　　　② 쉬워서

　③ 맛있어서　　　　　　　　　④ 만들어서

8. 윗글의 내용과 같은 것을 고르세요.

　① 저는 한국 요리를 잘합니다.

　② 주말에 가족들과 식사합니다.

　③ 남편은 김치찌개를 배웁니다.

　④ 한국 친구들한테 요리를 배웁니다.

※ [9~10] 다음을 읽고 물음에 답하세요.

> 요즘 날씨가 추워서 저는 감기에 걸렸습니다. 어제부터 열이 나고 기침을 했습니다. 오늘 아침에는 목이 아프고 열이 더 심해서 회사에 전화를 했습니다. 회사 과장님께 이야기를 하고 (　　㉠　　). 의사 선생님을 만나고 약국에서 약을 샀습니다. 집에서 생강차를 마시고 푹 쉬었습니다. 그래서 지금은 아프지 않습니다.

9. ㉠에 들어갈 알맞은 말을 고르세요.

　① 많이 아팠습니다　　　　　② 병원에 갔습니다

　③ 감기에 걸릴 겁니다　　　　④ 아프지 않을 겁니다

10. 윗글의 내용과 같은 것을 고르세요.

　① 아침부터 아팠습니다.

　② 목이 아프고 열도 났습니다.

　③ 회사에서 생강차를 마셨습니다.

　④ 아침에 회사에 갔습니다.

※ [1~2] 다음 그림을 보고 대화문을 만들어 옆 사람과 대화해 보세요.

1. 교실에서 나와 친구

> – 휴가에 어디에 갈 거예요?
> – 휴가에 무엇을 할 거예요?

가: 나   나: 친구

가: _____

나: _____

가: _____

나: _____

가: _____

나: _____

2. 병원에서 의사와 환자

> – 어디가 아파요?
> – 어떻게 하는 것이 좋아요?

가: 의사   나: 환자

가: _____

나: _____

가: _____

나: _____

가: _____

나: _____

쓰기

※ [1~2] 다음 대화문에 알맞은 말을 쓰세요.

1.

가: 한국어 말하기가 어려워요? 쓰기가 어려워요?

나: _____ 말하기가 더 어려워요.

가: 그럼 한국 사람하고 말하기 연습을 많이 하는 것이 좋아요.

2.

가: 어버이날에 어머니께 뭘 드렸어요?

나: 백화점에서 가방을 _____.

가: 우와, 어머니께서 선물을 받고 많이 좋아하셨겠네요.

3. 다음 내용을 포함하여 '나의 특별한 날'이라는 제목으로 글을 쓰세요.

• 특별한 날은 언제였습니까?
• 왜 특별한 날이었습니까?
• 그 특별한 날에 무엇을 했습니까?

모범 답안

1 안녕하세요?

듣기 p. 18

1) 네 ✓
2) ②

읽기 p. 19

1) 네 ✓
2) 아니요 ✓
3) 아니요 ✓

2 방에 책상이 있어요

듣기 p. 28

1) 네, 세탁기가 있어요.
2) 아니요, 소파가 없어요.

읽기 p. 29

1) 침대가 있어요. 책상이 있어요.
2) 아니요, 컴퓨터가 없어요.
3) ③

3 한국어를 배워요

듣기 p. 38

1) 한국어 숙제를 해요.
2) ✓ 많아요.
3) ✓ 재미있어요

읽기 p. 39

1) 교실에 있어요.
2) 전화해요.
3) 네, 빵이 맛있어요.

4 라흐만 씨가 식당에 가요

듣기 p. 48

1) 도서관에 가요.
2) 숙제를 해요.

읽기 p. 49

1) 공원에서 운동을 해요.
2) 기타를 좋아해요.
3) 기타를 배워요.

5 오늘은 5월 5일이에요

듣기 p. 58

1) ②
2) 회사 근처 기숙사예요.

읽기 p. 59

1) 의사예요.
2) 세기빌딩 3층에 있어요.
3) 02-2711-5348이에요.

6 9시부터 6시까지 일해요

듣기 p. 68

1) 아니요, 회사에 안 가요.
2) 저녁 6시까지 일을 해요.

읽기 p. 69

1) ① X
   ② O
2) 6시에 마트에 가요.
3) 10시 반에 잠을 자요.

7 김치찌개 하나 주세요

듣기 p. 78

1) ✓ 한식집
2) 아니요, 불고기를 먹고 싶어 해요.
3) 비빔밥 하나하고 불고기 하나를 주문해요.

읽기 p. 79

1) 김밥, 치즈 김밥, 라면, 순대, 떡볶이, 어묵이 있어요.
2) 복성루에 가요.

8 칫솔하고 치약을 삽니다

듣기 p. 88

1) 5,000원입니다.
2) ③

읽기 p. 89

1) ① X
   ② O
   ③ X

9 지난 주말에 친구를 만났어요

듣기 p. 98

1) 친구들이 왔어요.
2) 떡볶이를 먹었어요. 만두도 먹었어요.

읽기 p. 99

1) 전주 한옥 마을에 갔어요.
2) ②, ③, ④
3) ① O
   ② X

복습 1

어휘 p. 102

1. ③ 2. ③ 3. ② 4. ③ 5. ②
6. ① 7. ③ 8. ④ 9. ③ 10. ④

문법 p. 104

1. ② 2. ② 3. ② 4. ① 5. ①
6. ① 7. ③ 8. ① 9. ② 10. ②
11. ② 12. ③ 13. ②

읽기 p. 107

1. ② 2. ① 3. ③ 4. ③ 5. ③
6. ② 7. ① 8. ② 9. ③ 10. ③

쓰기 p. 111

1. 문을 안 열어요/안 해요/쉬어요
2. 며칠이에요/언제예요

10 아버지는 요리를 잘하세요

듣기 p. 118

1) 미국에 계세요.
2) 학교에서 학생들을 가르치세요.

읽기 p. 119

1) 5명
2) ① O
   ② X
3) 오늘은 할머니 생신이에요. 그래서 할머니가 보고 싶어요.

11 어버이날에 부모님께 꽃을 드려요

듣기 p. 128

1) 드미트리 씨 생일이에요.
2) 친구가 드미트리 씨에게 꽃을 줬어요.

읽기 p. 129

1) 어제는 졸업식이었습니다.
2) ① 어머니
   ② 동생
   ③ 아버지
3) 기분이 아주 좋았습니다.

12 이번 휴가에 뭐 할 거예요?

듣기 p. 138

1) ① O
   ② X
2) ④

읽기 p. 139

1) 인삼차와 화장품을 줄 거예요.
2) 친척들도 만나고 고향 친구들도 만날 거예요.

1) ③
2) 여행도 하고 한국 음식도 먹을 거예요.

13 버스로 공항에 가요

듣기 p. 148

1) 친구가 한국에 와요. 그래서 친구를 만나러 가요.
2) 공항버스로 가요.

읽기 p. 149

1) 아들 유진하고 남산에 갔어요.
2) ① X
　 ② X
　 ③ O
　 ④ O

14 저녁 7시에 만날까요?

듣기 p. 158

1) 저녁에 회사에서 회식이 있어요.
2) ① 금
　 ② 6

읽기 p. 159

1) ①
2) 토요일 6시 30분에 해요.
3) 센터 옆 한국 식당에서 해요.

15 오늘 날씨가 정말 덥네요

듣기 p. 168

1) 너무 더워요.
2) 한국보다 비도 많이 오고 더 더워요.

읽기 p. 169

1) (봄) (여름) (가을)
2) ① X
　 ② O
　 ③ X
3) 눈썰매, 스키를 타러 가요.

16 배가 아파서 병원에 가요

듣기 p. 178

1) 머리가 아파서 약국에 갔어요.
2) 약을 드시고 푹 쉬세요.

읽기 p. 179

1) 목이 아파서 병원에 갔어요.
2) ① O
　 ② X
　 ③ X
3) 친구를 만나지 않고 집에서 쉴 거예요.

17 사진을 찍지 마세요

듣기 p. 188

1) 공항버스를 타요.
2) 시내버스 정류장에 있어요.

읽기 p. 189

1) ③
2) ②
3) ④

18 한국 생활은 조금 힘든데 재미있어요

듣기 p. 198

1) ②, ④
2) 집 근처 가게에서 살 거예요.

읽기 p. 199

1) 한국 사람입니다.
2) ④
3) ① X
　 ② X

복습 2

어휘 p. 202

1. ④ 2. ③ 3. ② 4. ① 5. ③
6. ② 7. ③ 8. ① 9. ② 10. ②

문법 p. 204

1. ④ 2. ① 3. ① 4. ② 5. ①
6. ③ 7. ④ 8. ① 9. ③ 10. ④
11. ② 12. ② 13. ① 14. ③ 15. ③

읽기 p. 207

1. ④ 2. ① 3. ① 4. ② 5. ①
6. ① 7. ③ 8. ② 9. ② 10. ②

쓰기 p. 211

1. 쓰기보다
2. 사 드렸어요

듣기 지문

1 안녕하세요?

라흐만(남): 안녕하세요? 저는 라흐만이에요.
이　링(여): 네, 안녕하세요? 저는 이링이에요.
라흐만(남): 이링 씨는 어느 나라에서 왔어요?
이　링(여): 저는 중국에서 왔어요. 라흐만 씨는 어느 나라에서 왔어요?
라흐만(남): 저는 방글라데시에서 왔어요. 만나서 반가워요.

2 방에 책상이 있어요

고천(여): 라민 씨, 학교 기숙사에 침대가 있어요?
라민(남): 네, 침대가 있어요.
고천(여): 그래요? 기숙사에 또 뭐가 있어요?
라민(남): 세탁기가 있어요. 그런데 소파는 없어요.

3 한국어를 배워요

라흐만(남): 이링 씨, 오늘 뭐 해요?
이　링(여): 한국어 숙제를 해요.
라흐만(남): 한국어 숙제가 많아요?
이　링(여): 네, 숙제가 많아요. 하지만 숙제가 재미있어요.

4 라흐만 씨가 식당에 가요

친구(남): 이링, 지금 어디에 가요?
이링(여): 도서관에 가요.
친구(남): 도서관에서 뭐 해요?
이링(여): 숙제를 해요.

5 오늘은 5월 5일이에요

라흐만(남): 고천 씨, 이링 씨 전화번호가 공일공 팔칠오 구공육사예요?
고　천(여): 아니요, 구공육사가 아니에요. 구공육삼이에요.
라흐만(남): 아, 그래요? 그런데 이링 씨 집이 어디예요?
고　천(여): 회사 근처 기숙사예요. 저는 이번 주 토요일에 이링 씨 집에 가요. 라흐만 씨도 같이 가요.

6 9시부터 6시까지 일해요

친　구(여): 잠시드 씨, 이번 일요일에 출근을 해요?
잠시드(남): 아니요, 출근을 안 해요. 하지만 이번 토요일에는 출근을 해요. 일이 많아요.
친　구(여): 그래요? 토요일에 몇 시부터 몇 시까지 일을 해요?
잠시드(남): 아침 9시부터 저녁 6시까지 해요.

7 김치찌개 하나 주세요

드미트리(남): 여기요, 메뉴판 좀 주세요.
직　　원(여): 메뉴판 여기 있습니다. 손님.
드미트리(남): 안젤라 씨, 뭐 먹고 싶어요?
안 젤 라(여): 글쎄요. 뭐가 맛있어요? 된장찌개는 매워요?
드미트리(남): 네. 조금 매워요.
안 젤 라(여): 그럼 저는 불고기 먹고 싶어요.
드미트리(남): 여기요, 비빔밥 하나하고 불고기 하나 주세요.

8 칫솔하고 치약을 삽니다

(시끌시끌 마트 소음)
직원(남): 닭고기하고 계란을 할인하고 있습니다.
후엔(여): 닭 한 마리에 얼마예요?
직원(남): 5,000원입니다.
후엔(여): 계란은 얼마예요?
직원(남): 30개에 5,800원입니다.
후엔(여): 그럼 닭 두 마리하고 계란 30개 주세요.
직원(남): 네, 여기 있습니다.

9 지난 주말에 친구를 만났어요

이링(여): 후엔 씨, 주말 잘 보냈어요?
후엔(여): 네, 우리 집에 친구들이 왔어요. 그래서 한국 음식을 많이 먹었어요.
이링(여): 그래요? 어떤 음식을 먹었어요?
후엔(여): 떡볶이를 먹었어요. 만두도 먹었어요.

10 아버지는 요리를 잘하세요

제이슨(남): 우리 가족은 아버지, 어머니, 남동생, 저 모두 4명이에요.
부모님은 미국에 계시지만 저는 한국에 있어요. 아버지는 회사에서 일을 하세요. 어머니는 학교에서 학생들을 가르치세요. 남동생은 고등학생이에요. 저는 초등학교 영어 선생님이에요.

11 어버이날에 부모님께 꽃을 드려요

안 젤 라(여): 드미트리 씨, 이 꽃은 뭐예요?
드미트리(남): 선물을 받았어요.
안 젤 라(여): 무슨 날이에요?
드미트리(남): 오늘이 제 생일이에요. 그래서 친구가 저에게 꽃을 사 주었어요.
안 젤 라(여): 아, 그래요? 생일 축하해요.

12 이번 휴가에 뭐 할 거예요?

제이슨(남): 라민 씨, 방학에 뭐 할 거예요?
라 민(남): 친구하고 한국어 말하기 연습을 할 거예요. 제이슨 씨는요?
제이슨(남): 저는 한국 요리도 배우고 운동도 할 거예요.
라 민(남): 그래요? 재미있겠어요. 제이슨 씨, 방학 잘 보내세요.
제이슨(남): 라민 씨도 방학 잘 보내세요.

13 버스로 공항에 가요

라 민(남): 안젤라 씨, 어디에 가요?
안젤라(여): 공항에 가요.
라 민(남): 공항에 왜 가요?
안젤라(여): 친구가 한국에 와요. 그래서 친구를 만나러 가요.
라 민(남): 그래요? 공항에 어떻게 가요?
안젤라(여): 공항버스로 가요.

14 저녁 7시에 만날까요?

잠시드(남): 라흐만 씨, 내일 약속에 못 가요. 정말 미안해요.
라흐만(남): 왜요? 무슨 일 있어요?
잠시드(남): 내일 저녁에 회사에서 회식이 있어요.
라흐만(남): 아, 그래요? 그럼 이번 주 금요일은 어때요?
잠시드(남): 좋아요. 금요일 6시에 만나요.

15 오늘 날씨가 정말 덥네요

제이슨(남): 어휴, 요즘 날씨가 너무 덥네요.
후 엔(여): 맞아요. 너무 더워서 어젯밤에 잠을 못 잤어요.
제이슨(남): 그런데 후엔 씨 고향은 여름에 한국보다 더 덥죠?
후 엔(여): 네, 베트남은 한국보다 비도 많이 오고 더 더워요.

16 배가 아파서 병원에 가요

약사(남): 어서 오세요. 어떻게 오셨어요?
이링(여): 머리가 아파서 왔어요.
약사(남): 목도 아프세요?
이링(여): 아니요, 목은 안 아파요.
약사(남): 그럼 이 약을 드시고 푹 쉬세요.
이링(여): 네, 감사합니다.

17 사진을 찍지 마세요

라 민(남): 실례지만 여기에서 공항버스를 타요?
경찰관(남): 여기는 시내버스 정류장이에요. 길 건너편으로 조금만 걸어가세요.
라 민(남): 어디에서 길을 건너요?
경찰관(남): 저 앞에 횡단보도가 있어요. 저 횡단보도에서 건너세요. 여기에서 건너지 마세요.

18 한국 생활은 조금 힘든데 재미있어요

후엔(여): 여보, 오늘 일 안 하지요? 같이 마트에 장 보러 가요.

민수(남): 오늘 마트는 문을 안 열어요.

후엔(여): 지난주 일요일에는 문을 열었는데 오늘은 안 열어요?

민수(남): 한 달에 두 번, 둘째 주하고 넷째 주 일요일은 쉬어요.

후엔(여): 그래요? 그럼 오늘은 집 근처 가게로 가요.

ㄱ

ㄴ

ㅇ

기획 · 연구

박정아 국립국어원 학예연구관　　　　　　　　이슬비 국립국어원 학예연구사
정혜선 국립국어원 학예연구사　　　　　　　　박지수 국립국어원 연구원

집필진

책임 집필

이미혜 이화여자대학교 교육대학원 교수

공동 집필

이영숙 한양대학교 국제교육원 교수　　　　　　조항록 상명대학교 한국학과 교수
안경화 서울대학교 언어교육원 대우교수　　　　배재원 이화여자대학교 언어교육원 특임교수
김현정 서강대학교 국제한국학선도센터 책임연구원　정미지 아주대학교 다산학부대학 특임교수
이윤진 안양대학교 교육대학원 교수　　　　　　오지혜 세명대학교 미디어문화학부 교수
유해준 상지대학교 한국어문학과 교수　　　　　박수연 조선대학교 언어교육원 교육부장
강유선 숙명여자대학교 아시아여성연구원 연구원　이미선 서정대학교 사회통합프로그램 강사
이명순 대전대학교 사회통합프로그램 강사

연구 보조원

김민정 이화여자대학교 국제대학원 강사　　　　오민수 건국대학교 언어교육원 강사
위햇님 서울대학교 언어교육원 강사　　　　　　이승민 (재)한국이민재단 강사
남미정 상명대학교 국제언어문화교육원 강사　　곽은선 고려대학교 한국어센터 강사
권수진 한양대학교 국제교육원 강사　　　　　　강수진 상명대학교 국제언어문화교육원 강사
진보영 안산시외국인주민지원본부 사회통합프로그램 강사

법무부 사회통합프로그램(KIIP)
한국어와 한국문화 초급 1

1판 1쇄 발행　　2020년 12월 10일
1판 10쇄 발행　2025년 2월 10일

기획 · 연구　　　국립국어원
관계 기관 협조　법무부 출입국 · 외국인정책본부 이민통합과
지은이　　　　　이미혜 외

펴낸이　　　　　박영호
기획팀　　　　　송인성, 김선명
편집팀　　　　　박우진, 김영주, 김정아, 최미라, 전혜련, 박미나
관리팀　　　　　임선희, 정철호, 김성언, 권주련
펴낸곳　　　　　(주)도서출판 하우

주소　　　　　　서울시 중랑구 망우로68길 48
전화　　　　　　(02)922-7090
팩스　　　　　　(02)922-7092
홈페이지　　　　http://www.hawoo.co.kr
e-mail　　　　　hawoo@hawoo.co.kr
등록번호　　　　제2016-000017호

값 10,000원
ISBN 979-11-90154-82-6 14710
ISBN 979-11-90154-80-2 14710 (set)